학령기 아동을 위한

읽기유창성 및 읽기이해 프로그램 _ 2권

Ⅱ 수준

김애화 · 김의정 공저

학지사

머리말

읽기는 모든 교과 학습을 위한 도구적인 역할을 하므로 교과 학습이 시작되는 초등학교부터 학습자는 적절한 읽기 능력을 갖추고 있어야 한다. 이러한 읽기 능력을 갖추기 위해서는 단어를 정확하게 읽을 수 있는 기초적인 능력뿐만 아니라 글을 유창하게 읽고, 읽은 글의 내용을 잘 이해하는 것이 필요하다. 특히 초등학교에서 읽기의 어려움을 보이는 경우, 이를 그대로 두면 성인이 되어서도 읽기 문제가 지속해서 나타날 수 있으므로 초등학교부터 집중적인 읽기 지도를 하는 것이 바람직하다.

이에 초등학교 학생의 읽기유창성 및 읽기이해 능력을 향상시키기 위한 프로그램을 개발하였다. 이 프로그램의 특징은 다음과 같다. 첫째, 각 학년에 적합하도록 지문을 활용하여 프로그램을 구성하였다. 둘째, 읽기유창성 및 읽기이해 능력을 향상시키는 데 효과성이 입증된 다양한 연구기반 교수법을 적용하여 프로그램을 구성하였다. 셋째, 읽기유창성 교수와 읽기이해 교수를 연계하여 지도할 수 있도록 프로그램을 구성하였다. 넷째, 사전평가-지도-사후평가를 통해 학습자의 읽기유창성 및 읽기이해 향상도를 점검할 수 있도록 구성하였다.

따라서 이 프로그램은 학교 내 기초학력 부진 학생 지도 및 방과 후 수업이나 학습종합클리닉센터, 개별센터 등 다양한 장면에서 읽기유창성 및 읽기이해 능력 향상이 요구되는 초등학교 학생을 지도하는 데 활용될 수 있다. 또한 읽기에 어려움을 겪는 학생, 느린 학습자, 다문화 가정 학생 등의 경우에는 초등학생뿐 아니라 중등 이상의 학생 지도 시에도 이 프로그램을 사용할 수 있을 것이다. 이 외에도 필요에 따라 가정에서 자녀의 읽기유창성 및 읽기이해 지도를 위해 활용될 수 있다. '학령기 아동을 위한 읽기유창성 및 읽기이해 프로그램'이 다양한 학습자의 읽기 능력을 향상시킬 수 있는 자료로 활용되기를 기대한다.

이 프로그램이 개발되기까지 여러 사람의 도움이 있었다. 우선, 프로그램 개발 과정에서 도움을 준 김지은 선생님, 박민정 선생님, 박선희 선생님, 정경아 선생님, 정현승 선생님에게 감사의 마음을 전한다. 또한 출판 과정에서 도움을 준 학지사 김진환 사장님과 박나리 선생님에게 감사를 드린다.

책의 구성 및 활용 방법

- 이 책은 단어, 문장, 글 수준에서의 읽기유창성 및 읽기이해를 향상시키는 것을 목표로 개발되었다.
- 이 책의 구성은 1) I 수준 읽기유창성 및 읽기이해 프로그램, 2) II 수준 읽기유창성 및 읽기이해 프로그램, 3) III 수준 읽기유창성 및 읽기이해 프로그램, 4) IV 수준 읽기유창성 및 읽기이해 프로그램, 5) V 수준 읽기유창성 및 읽기이해 프로그램, 6) VI 수준 읽기유창성 및 읽기이해 프로그램으로 구성되어 있다. 각 수준별 6회기, 총 36회기로 구성되어 있다.

  - I 수준 읽기유창성 및 읽기이해 프로그램은 초등학교 1학년 수준의 읽기 지문을 활용한 프로그램이다. 따라서 일반학생의 경우 1학년에게 적용 가능하며, 읽기에 어려움을 겪는 학생의 경우에는 1학년 이상의 학생에게도 적용 가능하다.
  - II 수준 읽기유창성 및 읽기이해 프로그램은 초등학교 2학년 수준의 읽기 지문을 활용한 프로그램이다. 따라서 일반학생의 경우 2학년에게 적용 가능하며, 읽기에 어려움을 겪는 학생의 경우에는 2학년 이상의 학생에게도 적용 가능하다.
  - III 수준 읽기유창성 및 읽기이해 프로그램은 초등학교 3학년 수준의 읽기 지문을 활용한 프로그램이다. 따라서 일반학생의 경우 3학년에게 적용 가능하며, 읽기에 어려움을 겪는 학생의 경우에는 3학년 이상의 학생에게도 적용 가능하다.
  - IV 수준 읽기유창성 및 읽기이해 프로그램은 초등학교 4학년 수준의 읽기 지문을 활용한 프로그램이다. 따라서 일반학생의 경우 4학년에게 적용 가능하며, 읽기에 어려움을 겪는 학생의 경우에는 4학년 이상의 학생에게도 적용 가능하다.
  - V 수준 읽기유창성 및 읽기이해 프로그램은 초등학교 5학년 수준의 읽기 지문을 활용한 프로그램이다. 따라서 일반학생의 경우 5학년에게 적용 가능하며, 읽기에 어려움을 겪는 학생의 경우에는 5학년 이상의 학생에게도 적용 가능하다.

- VI 수준 읽기유창성 및 읽기이해 프로그램은 초등학교 6학년 수준의 읽기 지문을 활용한 프로그램이다. 따라서 일반학생의 경우 6학년에게 적용 가능하며, 읽기에 어려움을 겪는 학생의 경우에는 중학교 학생에게도 적용 가능하다.

각 회기는 1) 사전평가, 2) 지도, 3) 사후평가로 구성되어 있다.

알아 두기

다음은 수업 전에 교수자가 알아야 하는 사항을 제시하였다. 교수자는 각 회기에서 다뤄지는 중요한 내용이나 전략에 대한 이론적인 근거를 알게 됨으로써 효과적인 수업을 진행할 수 있을 것이다.

읽기유창성이란

읽기유창성은 글을 빠르고 정확하게, 적절한 표현력을 가지고 읽는 능력을 의미한다.

읽기유창성은 왜 중요한가

읽기유창성은 글을 읽고 이해하는 능력과 높은 관련성을 지니기 때문이다.

읽기유창성을 향상시킬 수 있는 방법에는 어떤 것들이 있는가

- 학생에게 동일한 글을 최소 세 번 소리 내어 반복하여 읽도록 한다.
- 소리 내어 반복 읽기를 실시할 때, 먼저 글을 유창하게 읽는 사람(교수자나 또래)이 유창하게 글을 읽는 것을 시범 보인 다음, 학생에게 같은 글을 소리 내어 읽도록 한다.
- 학생이 글을 읽을 때 오류를 보이면 오류를 교정한다.

끊어서 반복 읽기란

1) '끊어서 반복 읽기'는 '끊어 읽기'와 '소리 내어 반복 읽기'를 결합한 교수이다.
2) 끊어 읽기: 글을 구성하는 문장들을 의미가 통하는 구나 절 단위로 끊어서 제시한다.
3) 반복 읽기: 의미가 통하는 구나 절 단위로 끊어서 제시한 지문을 소리 내어 반복적으로 읽는다. 이때, 교수자가 유창하게 글을 읽는 것을 시범 보인 후, 학생들이 세 번 이상 소리 내어 반복적으로 읽도록 하는 것이 좋다.

끊기의 기준은

- 이 프로그램에서 제시한 끊어 읽기 단위의 가장 중요한 기준은 글을 이해하는 데 도움이 되는 의미 단위로 끊는 것이었다. 기본적으로 주부와 술부를 구분하되, 겹문장의 경우에는 문장의 구조를 이해하는 데 도움이 되도록 끊음으로써 글 이해에 도움이 되도록 하였다.
- 이 프로그램에서 제시한 끊어 읽기 단위는 학생에게 도움이 되도록 제시한 하나의 예일 뿐이며, 이것이 문법적으로 정확한 단위 기준을 의미하는 것은 아니다. 또한 학생의 수준에 따라 교사는 이 프로그램에 제시한 의미 단위보다 더 많은 혹은 더 적은 어절이 포함되도록 끊을 수 있다.

이 책의 읽기유창성 프로그램은

1) 활동 1: 단어 반복 읽기

   읽기 지문에서 핵심 단어이거나 어려운 단어를 선정하여, 학생이 빠르고 정확하게 단어를 읽을 수 있도록 반복 연습을 한다.

2) 활동 2: 어휘 뜻 파악하기

   읽기 지문에서 핵심 단어이거나 어려운 단어를 선정하여, 학생이 단어의 뜻을 질적으로 깊이 있게 이해할 수 있도록 다양한 전략 활동을 한다.

3) 활동 3: 어구/절 반복 읽기

   읽기 지문에서 어렵거나 자주 접하게 되는 어구/절을 선정하여, 학생이 빠르고 정확하게 단어를 읽을 수 있도록 반복 연습을 한다.

4) 활동 4: 글 반복 읽기

   전체 읽기 지문의 단어를 학생이 빠르고 정확하게 읽을 수 있도록 세 번 이상 반복 연습을 한다.

읽기유창성 평가는 어떻게 실시하는가

1) 읽기유창성 점수는 학생이 1분 동안 올바르게 읽은 어절 수로 산출한다. 즉, '학생이 1분 동안 읽은 총 어절 수'에서 '틀리게 읽은 어절 수'를 빼서 산출한다.

   읽기유창성 점수 = 1분 동안 읽은 총 어절 수 − 틀리게 읽은 어절 수

2) 평가 시 다음 사항을 유의한다.
   - 학생이 글의 첫 글자를 읽음과 동시에 타이머를 누른다.
   - 교사가 '시작'이라고 말한 후 3초 동안 글을 읽지 않으면, 두 번째 어절을 손으로 가리키며 '다음'이라고 빠르게 말하고, 못 읽은 어절은 오답 처리한다.

- 학생이 3초 동안 글을 읽지 않을 경우, 다음 어절을 손으로 가리키며 '다음'이라고 빠르게 말하고, 못 읽은 어절은 오답 처리한다.
- 학생이 3초 안에 스스로 교정하면 그 위에 SC(Self-Correct)라고 쓰고 정답으로 처리한다.
- 학생이 한 줄 전체를 건너뛰고 읽었을 경우에는 그 줄에 표시하고 검사를 그대로 진행시키되, 생략한 부분을 오답 처리한다(1분 동안 측정하는 검사이기 때문에 검사 중간에 빠트린 부분을 다시 읽도록 지시할 경우 시간이 소요되므로 학생을 방해하지 않고 그대로 검사를 진행시킨다).
- 학생이 틀리게 읽은 어절 위에 / 표시를 한다.
- 1분이 종료되면 학생이 읽은 마지막 어절에 ⌟ 표시를 한다.

읽기이해란

읽기이해는 글의 내용을 자신의 선행 지식과 연결 지으면서 의미를 형성해 가는 과정이다. 성공적인 읽기이해를 위해서는 주요 내용을 중심으로 글의 의미를 파악할 뿐 아니라, 내용을 자신의 선행 지식과 연결 지어 글의 주제를 파악하는 것이 중요하다.

읽기이해는 왜 중요한가

읽기이해는 읽기 교수의 궁극적인 목표로, 읽기 교수의 핵심이다.

읽기이해를 향상시킬 수 있는 방법에는 어떤 것들이 있는가

- 이야기글을 이해하는 데 도움을 주는 대표적인 전략은 이야기 지도(story map)의 요소에 해당하는 내용을 파악하는 것이다.
- 이야기 지도의 요소에는 인물, 시간, 장소, 사건들, 끝이 포함되며, 이야기글에서 주요 내용을 간추리기 위해서는 이러한 이야기 지도의 요소에 해당하는 내용을 파악하면 도움이 된다.
- 이야기 지도의 요소별 내용을 정리할 때, 그래픽 조직자를 활용하면 도움이 된다.

이야기 지도의 요소

1) 인물(이야기에 등장하는 인물)
2) 시장(이야기가 일어나는 시간과 장소)
3) 사건들(인물에게 일어난 사건들)
4) 끝(이야기의 끝)

글의 주제

글의 주제는 글쓴이가 말하고자 하는 생각이나 의견을 의미하며, 이야기글에서 글의 주제를 파악하는 것은 중요하다.

이 책의 읽기이해 프로그램은

1) 활동 1: 이야기 지도 알기

이야기 지도의 목적과 이야기 지도의 요소를 파악하는 활동을 한다.

2) 활동 2: 이야기 지도 전략을 사용하여 글의 내용 파악하기

그래픽 조직자에서 제시된 순서에 따라, 이야기 지도의 요소별 내용을 파악하여 기록하는 활동을 한다.

3) 활동 3: 글의 주제 파악하기

글에 제시되어 있지 않은 '글의 주제'를 파악하기 위해 글의 내용을 바탕으로 '~를 해야 한다.' 또는 '~를 하지 말아야 한다.'의 문장을 완성하는 활동을 한다.

읽기이해 평가는 어떻게 실시하는가

1) 글을 읽은 후, 읽기이해 질문을 통해 글의 내용에 대한 이해 정도를 파악한다.

읽기이해 점수 = 맞은 문항의 개수

2) 평가 시 다음 사항을 유의한다.

- 전체 지문을 소리 내지 않고 눈으로 읽도록 한다.
- 〈3~7번까지〉 문항의 답에 학생이 한두 단어로 간단하게 답할 경우, "좀 더 자세히 말해 볼래요?" 또는 "좀 더 자세히 써 보세요."라고 반드시 추가 질문을 한다. 추가 질문을 하였는데도, 같은 답을 반복하거나 정답에 제시된 내용을 말하지 못하면 오답으로 간주한다.
- 7번 추론 문항의 경우에는 지문에 근거하여 답을 하였을 경우에는 정답으로 간주한다. 지문의 내용과 무관하게 학생 자신의 사전지식이나 경험에 근거하여 답할 경우, 오답으로 간주한다.
- 채점 시, 답안에 있는 내용을 그대로 말하지 않더라도 질문의 요지를 파악하고 답을 하였을 경우 정답으로 간주한다.

차례

II 수준 읽기유창성 및 읽기이해 프로그램

1. 맛있는 냄새가 나는 방귀똥

학 ◇ 습 ◇ 목 ◇ 표

- 글을 읽을 때, 적당한 부분에서 끊어서 글을 빠르게 정확하게 읽을 수 있다.
- 글을 읽고, 글의 중심내용과 글의 주제를 파악할 수 있다.

사 ◇ 전 ◇ 평 ◇ 가

지시문

앞에 있는 종이에 글이 있어요. 이제 선생님이 "시작"이라고 하면(학생용 평가지의 첫 어절을 손가락으로 가리킨 후, 계속 훑으면서) 처음부터 읽기 시작해서 "그만"이라고 할 때까지 최대한 정확하게, 그리고 최대한 빨리 읽으세요. 글을 읽다가 모르는 글자가 나오면 선생님이 어떻게 해야 할지 알려 줄게요. 최선을 다하세요. 질문 있어요? (질문이 있으면 질문에 대답한다.) 준비, 시작. (학생이 첫 어절을 말함과 동시에 타이머를 누르고 1분간 학생의 반응을 기록한 뒤 1분이 지나면 "그만"이라고 말한다.)

옛날 옛날, 어느 마을에 형제가 살았습니다. 형은 욕심쟁이이고 아우는 마음씨가 비단결같이 부드러웠답니다.

하루는 형이 아우에게 나무를 해 오라고 시켰지요. 그래서 착한 아우는 산에서 나무를 했답니다. 나무를 하다 보니 바위틈에서 뭔가가 흐르더랍니다. 가까이 다가가니 노랗고 끈적끈적한 것이 흘렀지요. 맛있는 냄새가 나서 손가락으로 찍어 먹었어요. 그랬더니 그게 모두 다 꿀이었답니다. 때마침 배가 고프던 참이라 실컷 먹었지요. 먹다가 방귀를 뀌니까 달콤한 냄새가 났답니다. 신기해서 계속 방귀를 뀌어도 달콤한 냄새만 났지요.

아우는 신이 나서 마을로 내려가서 외쳤습니다.

"마을 사람들, 달콤한 냄새 방귀를 사세요."

사또가 밖에서 외치는 소리를 들으니 궁금해졌지요.

"네가 달콤한 냄새 방귀를 판다는 게 참말이냐?"

"예, 그렇습니다, 사또."

"그렇다면 어디 한번 방귀를 뀌어 보아라."

아우가 방귀를 뀌니까 달콤한 냄새가 퍼졌지요. 사또가 너무나도 신기해서 계속 뀌라고 했습니다. 그랬더니 사또 둘레가 달콤한 냄새로 가득했지요. 기분이 좋아진 사또는 아우에게 큰돈을 주었답니다.

이것을 욕심 많은 형이 알게 되었습니다.

형은 아우와 똑같이 꿀을 먹고 외쳤지요.

"마을 사람들, 달콤한 냄새 방귀를 사세요."

이번에도 사또가 형을 불러 방귀를 뀌라고 했지요. 그런데 형이 방귀를 뀌니까 똥이 나왔지요. 화가 난 사또는 곤장을 쳐서 보냈답니다.

읽기유창성 점수: ______________

▶ 사전평가와 사후평가의 지문은 학지사 홈페이지(http://www.hakjisa.co.kr)에서 내려받을 수 있습니다.

1 단어를 빠르고 정확하게 읽기

다음 단어를 바르게 읽어 봅시다

비단결같이	바위틈에서
끈적끈적한	꿔라고
잡아당겼어요	놓쳤지요
가득했지요	좋아진
곤장	쳐서

▶ 이 페이지의 내용은 복사하거나 학지사 홈페이지(http://www.hakjisa.co.kr)에서 내려받아 사용하세요!

다음 단어들을 빠르고 정확하게 읽어 봅시다

비단결같이	바위틈에서	끈적끈적한	꿔라고	잡아당겼어요
놓쳤지요	가득했지요	좋아진	곤장	쳐서
잡아당겼어요	끈적끈적한	비단결같이	놓쳤지요	가득했지요
쳐서	꿔라고	곤장	좋아진	바위틈에서
곤장	끈적끈적한	잡아당겼어요	가득했지요	좋아진
꿔라고	바위틈에서	비단결같이	쳐서	놓쳤지요
끈적끈적한	가득했지요	바위틈에서	놓쳤지요	비단결같이
잡아당겼어요	쳐서	곤장	좋아진	꿔라고
꿔라고	잡아당겼어요	좋아진	곤장	바위틈에서
가득했지요	비단결같이	쳐서	끈적끈적한	놓쳤지요

2 어휘의 뜻 알아보기

다음 단어를 알아봅시다

예시문을 읽고, 내가 생각하는 단어의 뜻을 써 봅시다.

올바른 단어의 뜻을 써 봅시다.

정의

궁금하다

예시문 사또가 밖에서 외치는 소리를 들으니 궁금해졌지요.

문장 만들기

새로운 문장을 만들어 써 봅시다.

도전문제

어떤 것이 궁금한 적이 있었나요?

예시문을 읽고, 내가 생각하는 단어의 뜻을 써 봅시다.

올바른 단어의 뜻을 써 봅시다.

정의

곤장

예시문 화가 난 사또는 곤장을 쳐서 보냈답니다.

문장 만들기

새로운 문장을 만들어 써 봅시다.

도전문제

곤장은 언제 사용하나요?

예시문을 읽고, 내가 생각하는 단어의 뜻을 써 봅시다.

올바른 단어의 뜻을 써 봅시다.

정의

비슷한 말

-
-
-

신기하다

예시문 사또가 너무나도 신기해서 계속 꿔라고 했습니다.

문장 만들기

비슷한 말을 넣어서 문장을 완성해 봅시다.

사또가 너무나도 ________ 계속 꿔라고 했습니다.

새로운 문장을 만들어 써 봅시다.

도전문제

신기한 마술을 본 적이 있나요? 왜 신기했었나요?

예시문을 읽고, 내가 생각하는 단어의 뜻을 써 봅시다.

올바른 단어의 뜻을 써 봅시다.

정의

가득하다

비슷한 말

-
-
-

반대말

-
-
-

예시문 그랬더니 사또 둘레가 달콤한 냄새로 가득했지요.

문장 만들기

비슷한 말을 넣어서 문장을 완성해 봅시다.

그랬더니 사또 둘레가 달콤한 냄새로 ______.

새로운 문장을 만들어 써 봅시다.

도전문제

행복이 가득한 집은 어떤 집일까요?

다음 보기의 단어 중, 문장에 알맞은 단어를 써 봅시다.

보기

신기한, 가득했다, 곤장, 궁금했다

1 그는 남의 물건을 훔친 죄로 ____________을 맞았다.

2 이사 간 소영이의 소식이 ____________.

3 방 안에 사탕, 과자들이 ____________.

4 사람들은 마술사의 ____________ 묘기에 놀랐다.

3 어구를 빠르고 정확하게 읽기

다음 어구를 바르게 읽어 봅시다

나무를 해 오라고 시켰지요	나무를 하다 보니
맛있는 냄새가 나서	배가 고프던 참이라
먹다가 방귀를 뀌니까	외치는 소리를 들으니
달콤한 냄새 방귀를 판다는 게	기분이 좋아진 사또는
욕심 많은 형이	달콤한 방귀를 사세요
곤장을 쳐서 보냈답니다	

▶ 이 페이지의 내용은 복사하거나 학지사 홈페이지(http://www.hakjisa.co.kr)에서 내려받아 사용하세요!

다음 어구/절들을 빠르고 정확하게 읽어 봅시다

나무를 해 오라고 시켰지요	나무를 하다 보니	맛있는 냄새가 나서
배가 고프던 참이라	먹다가 방귀를 뀌니까	외치는 소리를 들으니
달콤한 냄새 방귀를 판다는 게	기분이 좋아진 사또는	욕심 많은 형이
달콤한 방귀를 사세요	곤장을 쳐서 보냈답니다	맛있는 냄새가 나서
먹다가 방귀를 뀌니까	달콤한 냄새 방귀를 판다는 게	욕심 많은 형이
배가 고프던 참이라	달콤한 방귀를 사세요	기분이 좋아진 사또는
외치는 소리를 들으니	나무를 하다 보니	곤장을 쳐서 보냈답니다
나무를 해 오라고 시켰지요	곤장을 쳐서 보냈답니다	외치는 소리를 들으니
달콤한 방귀를 사세요	먹다가 방귀를 뀌니까	기분이 좋아진 사또는
달콤한 냄새 방귀를 판다는 게	나무를 하다 보니	나무를 해 오라고 시켰지요
곤장을 쳐서 보냈답니다	맛있는 냄새가 나서	욕심 많은 형이
나무를 해 오라고 시켰지요	먹다가 방귀를 뀌니까	외치는 소리를 들으니
맛있는 냄새가 나서	욕심 많은 형이	기분이 좋아진 사또는
달콤한 냄새 방귀를 판다는 게	나무를 해 오라고 시켰지요	곤장을 쳐서 보냈답니다
달콤한 방귀를 사세요	나무를 하다 보니	나무를 해 오라고 시켰지요
나무를 하다 보니	곤장을 쳐서 보냈답니다	달콤한 냄새 방귀를 판다는 게
먹다가 방귀를 뀌니까	욕심 많은 형이	나무를 해 오라고 시켰지요
맛있는 냄새가 나서	기분이 좋아진 사또는	달콤한 방귀를 사세요

▶ 이 페이지의 내용은 복사하거나 학지사 홈페이지(http://www.hakjisa.co.kr)에서 내려받아 사용하세요!

4 글을 빠르고 정확하게 읽기

다음 글을 / 표시된 곳에서 끊어 읽어 봅시다. 읽을 때 빠르고 정확하게 읽도록 합시다

옛날 옛날, / 어느 마을에 / 형제가 / 살았습니다. / 형은 / 욕심쟁이이고 / 아우는 / 마음씨가 비단결같이 부드러웠답니다. /

하루는 / 형이 / 아우에게 / 나무를 해 오라고 시켰지요. / 그래서 / 착한 아우는 / 산에서 / 나무를 했답니다. / 나무를 하다 보니 / 바위틈에서 / 뭔가가 흐르더랍니다. / 가까이 다가가니 / 노랗고 끈적끈적한 것이 / 흘렀지요. / 맛있는 냄새가 나서 / 손가락으로 / 찍어 먹었어요. / 그랬더니 / 그게 모두 다 / 꿀이었답니다. / 때마침 / 배가 고프던 참이라 / 실컷 먹었지요. / 먹다가 방귀를 뀌니까 / 달콤한 냄새가 / 났답니다. / 신기해서 / 계속 방귀를 뀌어도 / 달콤한 냄새만 났지요. /

아우는 / 신이 나서 / 마을로 내려가서 외쳤습니다. /

“마을 사람들, / 달콤한 냄새 방귀를 사세요.” /

사또가 / 밖에서 / 외치는 소리를 들으니 / 궁금해졌지요. /

“네가 / 달콤한 냄새 방귀를 판다는 게 / 참말이냐?” /

“예, / 그렇습니다, / 사또.” /

“그렇다면 / 어디 한번 / 방귀를 뀌어 보아라.” /

아우가 방귀를 뀌니까 / 달콤한 냄새가 퍼졌지요. / 사또가 너무나도 신기해서 / 계속 뀌라고 했습니다. / 그랬더니 / 사또 둘레가 / 달콤한 냄새로 가득했지요. / 기분이 좋아진 사또는 / 아우에게 / 큰돈을 주었답니다. /

이것을 / 욕심 많은 형이 / 알게 되었습니다. /

형은 / 아우와 똑같이 / 꿀을 먹고 외쳤지요. /

“마을 사람들, / 달콤한 냄새 방귀를 사세요.” /

이번에도 / 사또가 형을 불러 / 방귀를 뀌라고 했지요. / 그런데 / 형이 방귀를 뀌니까 / 똥이 나왔지요. / 화가 난 사또는 / 곤장을 쳐서 보냈답니다. /

5 이야기 지도 알아보기

'이야기 지도'가 무엇인지 알아봅시다

1 다음 그림은 무엇인가요?

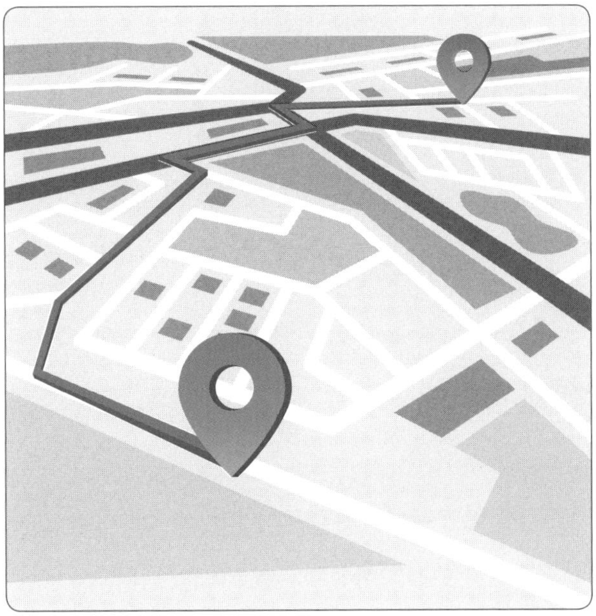

2 지도는 우리에게 어떤 도움을 주나요?

3 이야기 지도 소개하기: 이야기 지도 구성 요소를 알아봅시다.

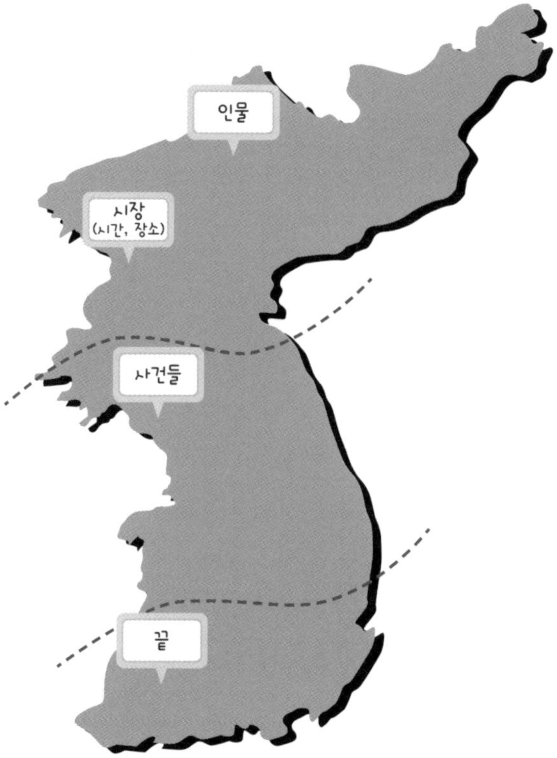

● 지도가 우리가 길을 찾도록 도움을 주는 것처럼, 이야기 지도는 ______________________ 사용하는 지도입니다.

● 이야기 지도에는 ______________, ______________, ______________, ______________이 있습니다. 여기서 '인물, 시장, 사건들, 끝'은 기억 전략입니다. 이 기억 전략은 이야기 지도를 잘 기억하는 데 도움을 줍니다.

인물	이야기에 등장하는 ________
시장	이야기가 일어나는 ____간과 ____소
사건들	인물들에게 일어난 ________
끝	이야기의 ________

● 이야기 지도의 기억 전략인 ______________, ______________, ______________, ______________을 알면, 글의 내용을 잘 이해할 수 있습니다. 이야기를 읽을 때, '인물, 시장, 사건들, 끝'을 기억하도록 합시다.

6 이야기 지도 사용하여 글 읽고 이해하기: 인물, 시장, 사건, 끝을 기억하며 글의 내용 파악하기

'이야기 지도(인물, 시장, 사건, 끝)'를 사용하여 글의 내용을 파악해 봅시다

맛있는 냄새가 나는 방귀똥

옛날 옛날, 어느 마을에 형제가 살았습니다. 형은 욕심쟁이이고 아우는 마음씨가 비단결같이 부드러웠답니다.

하루는 형이 아우에게 나무를 해 오라고 시켰지요. 그래서 착한 아우는 산에서 나무를 했답니다. 나무를 하다 보니 바위틈에서 뭔가가 흐르더랍니다. 가까이 다가가니 노랗고 끈적끈적한 것이 흘렀지요. 맛있는 냄새가 나서 손가락으로 찍어 먹었어요. 그랬더니 그게 모두 다 꿀이었답니다. 때마침 배가 고프던 참이라 실컷 먹었지요. 먹다가 방귀를 뀌니까 달콤한 냄새가 났답니다. 신기해서 계속 방귀를 뀌어도 달콤한 냄새만 났지요.

아우는 신이 나서 마을로 내려가서 외쳤습니다.

"마을 사람들, 달콤한 냄새 방귀를 사세요."

사또가 밖에서 외치는 소리를 들으니 궁금해졌지요.

"네가 달콤한 냄새 방귀를 판다는 게 참말이냐?"

"예, 그렇습니다, 사또."

"그렇다면 어디 한번 방귀를 뀌어 보아라."

아우가 방귀를 뀌니까 달콤한 냄새가 퍼졌지요. 사또가 너무나도 신기해서 계속 뀌라고 했습니다. 그랬더니 사또 둘레가 달콤한 냄새로 가득했지요. 기분이 좋아진 사또는 아우에게 큰돈을 주었답니다.

이것을 욕심 많은 형이 알게 되었습니다.

형은 아우와 똑같이 꿀을 먹고 외쳤지요.

"마을 사람들, 달콤한 냄새 방귀를 사세요."

이번에도 사또가 형을 불러 방귀를 뀌라고 했지요. 그런데 형이 방귀를 뀌니까 똥이 나왔지요. 화가 난 사또는 곤장을 쳐서 보냈답니다.

제목: 맛있는 냄새가 나는 방귀똥

1 **인물** 이야기에 등장하는 인물은 누구인가요?

2 **시간과 장소** 언제, 어디에서 일어난 이야기인가요?

시간:

장소:

3 **사건들** 인물에게 어떤 일들이 일어났나요? 일이 어떠한 차례로 일어났나요?

4 **끝** 이야기가 어떻게 끝났나요?

7 글의 주제 알기

글의 주제를 알아봅시다

글의 주제는 글쓴이가 읽는 이에게 말하고자 하는 생각 또는 의견입니다. 글의 주제는 '~하자. 해야 한다' 또는 '~하지 말자. 하지 말아야 한다'로 만들 수 있습니다.

'맛있는 냄새가 나는 방귀똥'을 읽고, 글의 주제를 써 봅시다.

읽기유창성

지시문

앞에 있는 종이에 글이 있어요. 이제 선생님이 “시작”이라고 하면(학생용 평가지의 첫 어절을 손가락으로 가리킨 후, 계속 훑으면서) 처음부터 읽기 시작해서 “그만”이라고 할 때까지 최대한 정확하게, 그리고 최대한 빨리 읽으세요. 글을 읽다가 모르는 글자가 나오면 선생님이 어떻게 해야 할지 알려 줄게요. 최선을 다하세요. 질문 있어요? (질문이 있으면 질문에 대답한다.) 준비, 시작. (학생이 첫 어절을 말함과 동시에 타이머를 누르고 1분간 학생의 반응을 기록한 뒤 1분이 지나면 “그만”이라고 말한다.)

옛날 옛날, 어느 마을에 형제가 살았습니다. 형은 욕심쟁이이고 아우는 마음씨가 비단결같이 부드러웠답니다.

하루는 형이 아우에게 나무를 해 오라고 시켰지요. 그래서 착한 아우는 산에서 나무를 했답니다. 나무를 하다 보니 바위틈에서 뭔가가 흐르더랍니다. 가까이 다가가니 노랗고 끈적끈적한 것이 흘렀지요. 맛있는 냄새가 나서 손가락으로 찍어 먹었어요. 그랬더니 그게 모두 다 꿀이었답니다. 때마침 배가 고프던 참이라 실컷 먹었지요. 먹다가 방귀를 뀌니까 달콤한 냄새가 났답니다. 신기해서 계속 방귀를 뀌어도 달콤한 냄새만 났지요.

아우는 신이 나서 마을로 내려가서 외쳤습니다.

“마을 사람들, 달콤한 냄새 방귀를 사세요.”

사또가 밖에서 외치는 소리를 들으니 궁금해졌지요.

“네가 달콤한 냄새 방귀를 판다는 게 참말이냐?”

“예, 그렇습니다, 사또.”

“그렇다면 어디 한번 방귀를 뀌어 보아라.”

아우가 방귀를 뀌니까 달콤한 냄새가 퍼졌지요. 사또가 너무나도 신기해서 계속 뀌라고 했습니다. 그랬더니 사또 둘레가 달콤한 냄새로 가득했지요. 기분이 좋아진 사또는 아우에게 큰돈을 주었답니다.

이것을 욕심 많은 형이 알게 되었습니다.

형은 아우와 똑같이 꿀을 먹고 외쳤지요.

"마을 사람들, 달콤한 냄새 방귀를 사세요."

이번에도 사또가 형을 불러 방귀를 뀌라고 했지요. 그런데 형이 방귀를 뀌니까 똥이 나왔지요. 화가 난 사또는 곤장을 쳐서 보냈답니다.

읽기유창성 점수: ____________

▶ 사전평가와 사후평가의 지문은 학지사 홈페이지(http://www.hakjisa.co.kr)에서 내려받을 수 있습니다.

사 ◇ 후 ◇ 평 ◇ 가

읽기이해

다음 질문에 최대한 자세히 답을 써 주세요.
(※ 쓰는 것이 어려운 학생의 경우, 구두로 답하도록 하세요.)

1 이야기에 나오는 인물은 누구인가요? 세 사람을 써 보세요.

2 언제, 어디에서 있었던 일인가요?

1) 언제:

2) 어디서:

3 아우가 산에서 나무를 하는 동안 어떤 일이 일어났나요?

4 아우가 마을 사람들에게 무엇을 팔려고 하였나요?

5 사또가 아우를 보고 왜 신기하게 생각했나요?

6 사또가 형에게 곤장을 친 까닭은 무엇일까요?

7 이야기는 우리에게 어떤 교훈을 주나요? 그것을 어떻게 알 수 있는지 글에서 찾아 써 보세요.

1) 어떤 교훈을 주나요?

2) 그것을 어떻게 알 수 있나요?

2. 호랑이를 이긴 황소

학 ◇ 습 ◇ 목 ◇ 표

- 글을 읽을 때, 적당한 부분에서 글을 빠르고 정확하게 끊어 읽을 수 있다.
- 글을 읽고, 글의 중심내용과 글의 주제를 파악할 수 있다.

사 ◇ 전 ◇ 평 ◇ 가

지시문

앞에 있는 종이에 글이 있어요. 이제 선생님이 "시작"이라고 하면(학생용 평가지의 첫 어절을 손가락으로 가리킨 후, 계속 훑으면서) 처음부터 읽기 시작해서 "그만"이라고 할 때까지 최대한 정확하게, 그리고 최대한 빨리 읽으세요. 글을 읽다가 모르는 글자가 나오면 선생님이 어떻게 해야 할지 알려 줄게요. 최선을 다하세요. 질문 있어요? (질문이 있으면 질문에 대답한다.) 준비, 시작. (학생이 첫 어절을 말함과 동시에 타이머를 누르고 1분간 학생의 반응을 기록한 뒤 1분이 지나면 "그만"이라고 말한다.)

옛날 옛날 어느 산에 호랑이가 살았습니다. 호랑이는 몸집도 크고 힘이 아주 셌지요. 그래서 다른 동물들이 호랑이에게 끽소리도 못했답니다. 호랑이는 언제나 뻐기면서 힘자랑을 하며 살았습니다.

하루는 호랑이가 어슬렁어슬렁 돌아다니다 마을로 내려갔습니다. 추운 겨울이었는데, 황소가 짐수레를 끌고 걸어왔습니다. 옆에는 농부가 고삐를 잡고 걸어오고 있었지요. 그런데 짐수레에 나무가 잔뜩 쌓여 있었어요.

'저 황소는 보통 힘센 놈이 아니구나.'

호랑이는 황소를 보고 깜짝 놀라며 생각했습니다.

'하지만 저 황소도 나한테는 어림없지. 나는 저것보다 더 무거운 짐도 끌어봤어.'

갑자기 황소를 부리던 농부가 멈춰 섰습니다.

"짐이 너무 무거워 소가 많이 힘들겠어. 수레를 여기다 세우고 내일 와서 가져가야겠다."

그러고는 수레를 세우고 황소만 끌고 갔답니다.

'이따 어두워지면 내가 저 수레를 끌어봐야겠다. 황소가 끌 수 있다면 나도 한다.'

호랑이는 황소보다 힘이 세다는 걸 확인하고 싶었지요.

밤이 되자 호랑이는 몰래 수레를 끌었습니다. 아니, 그런데 수레가 꼼짝도 안 했어요. 아무리 낑낑대며 힘을 주어도 움직이지 않았답니다. 겨울밤이라 추워서 수레바퀴가 땅에 얼어붙었던 거지요.

하지만 호랑이는 그것도 모르고 포기하고 돌아갔습니다.

다음 날 해가 뜨자 땅이 녹았습니다. 농부는 황소를 데리고 다시 수레를 끌었지요. 땅이 녹았으니 당연히 수레바퀴가 잘 움직였습니다. 그것을 지켜본 호랑이는 깜짝 놀라며 생각했습니다.

'아이고, 저 황소가 나보다 힘이 세구나.'

그다음부터는 호랑이가 힘자랑을 하지 않았습니다.

읽기유창성 점수: ____________

▶ 사전평가와 사후평가의 지문은 학지사 홈페이지(http://www.hakjisa.co.kr)에서 내려받을 수 있습니다.

1 단어를 빠르고 정확하게 읽기

다음 단어를 바르게 읽어 봅시다

황소	끽소리도
삐기면서	짐수레를
쌓여	수레를
확인하고	끌었습니다
얼어붙었던	녹았습니다

▶ 이 페이지의 내용은 복사하거나 학지사 홈페이지(http://www.hakjisa.co.kr)에서 내려받아 사용하세요!

다음 단어들을 빠르고 정확하게 읽어 봅시다

황소	끽소리도	뻐기면서	짐수레를	쌓여
수레를	확인하고	끌었습니다	얼어붙었던	녹았습니다
뻐기면서	짐수레를	수레를	녹았습니다	황소
끌었습니다	쌓여	얼어붙었던	끽소리도	확인하고
쌓여	짐수레를	끌었습니다	뻐기면서	끽소리도
황소	끽소리도	녹았습니다	수레를	뻐기면서
끽소리도	수레를	짐수레를	끌었습니다	황소
녹았습니다	뻐기면서	쌓여	확인하고	얼어붙었던
수레를	끌었습니다	확인하고	얼어붙었던	짐수레를
뻐기면서	황소	끽소리도	쌓여	녹았습니다

2 어휘의 뜻 알아보기

다음 단어를 알아봅시다

예시문을 읽고, 내가 생각하는 단어의 뜻을 써 봅시다.

____

올바른 단어의 뜻을 써 봅시다.

____

정의

뻐기다

예시문 호랑이는 언제나 뻐기면서 힘자랑을 하며 살았습니다.

비슷한 말

- ____________
- ____________
- ____________

문장 만들기

비슷한 말을 넣어서 문장을 완성해 봅시다.

호랑이는 언제나 ____________ 힘자랑을 하며 살았습니다.

새로운 문장을 만들어 써 봅시다.

____

도전문제

다른 사람 앞에서 무언가를 뻐긴 경험이 있나요?

____

____

예시문을 읽고, 내가 생각하는 단어의 뜻을 써 봅시다.

올바른 단어의 뜻을 써 봅시다.

정의

포기하다

예시문 하지만 호랑이는 그것도 모르고 포기하고 돌아갔습니다.

비슷한 말

-
-
-

문장 만들기

비슷한 말을 넣어서 문장을 완성해 봅시다.

하지만 호랑이는 그것도 모르고 ______________ 돌아갔습니다.

새로운 문장을 만들어 써 봅시다.

도전문제

무언가를 중간에 포기한 적이 있나요?

예시문을 읽고, 내가 생각하는 단어의 뜻을 써 봅시다.

올바른 단어의 뜻을 써 봅시다.

정의

어림없다

예시문 하지만 저 황소도 나한테는 어림없지.

문장 만들기

새로운 문장을 만들어 써 봅시다.

도전문제

'그 실력으로는 어림없지!'라는 말을 들어 본 적이 있나요? 언제 들어 보았나요?

예시문을 읽고, 내가 생각하는 단어의 뜻을 써 봅시다.

올바른 단어의 뜻을 써 봅시다.

정의

확인하다

예시문 호랑이는 황소보다 힘이 세다는 걸 확인하고 싶었지요.

문장 만들기

새로운 문장을 만들어 써 봅시다.

도전문제

주로 언제 무언가를 확인하고 싶어 하나요?

다음 보기의 단어 중, 문장에 알맞은 단어를 써 봅시다.

보기

확인해야, 빼기고, 어림없다, 포기했다

1 우리반 동현이는 우등상을 탔다고 무척 ________ 다닌다.

2 비가 너무 많이 내려서 우리 가족은 놀이동산에 가는 걸 ________.

3 공부는 수현이가 더 잘할지 몰라도 운동만은 나한테 ________.

4 등교 전 준비물을 꼭 ________ 한다.

3 어구를 빠르고 정확하게 읽기

다음 어구를 바르게 읽어 봅시다

힘자랑을 하며 살았습니다	농부가 고삐를 잡고
나한테는 어림없지	황소를 부리던 농부가
황소가 끌 수 있다면	힘이 세다는 걸
아무리 낑낑대며 힘을 주어도	겨울밤이라 추워서
그것을 지켜본 호랑이는	힘자랑을 하지 않았습니다

다음 어구/절들을 빠르고 정확하게 읽어 봅시다

힘자랑을 하며 살았습니다	농부가 고삐를 잡고	나한테는 어림없지
황소를 부리던 농부가	황소가 끌 수 있다면	힘이 세다는 걸
아무리 낑낑대며 힘을 주어도	겨울밤이라 추워서	그것을 지켜본 호랑이는
힘자랑을 하지 않았습니다	힘이 세다는 걸	힘자랑을 하며 살았습니다
나한테는 어림없지	농부가 고삐를 잡고	힘자랑을 하지 않았습니다
겨울밤이라 추워서	황소를 부리던 농부가	아무리 낑낑대며 힘을 주어도
힘이 세다는 걸	힘자랑을 하며 살았습니다	나한테는 어림없지
농부가 고삐를 잡고	황소가 끌 수 있다면	겨울밤이라 추워서
그것을 지켜본 호랑이는	아무리 낑낑대며 힘을 주어도	황소를 부리던 농부가
황소가 끌 수 있다면	나한테는 어림없지	힘자랑을 하지 않았습니다
황소를 부리던 농부가	그것을 지켜본 호랑이는	농부가 고삐를 잡고
힘이 세다는 걸	힘자랑을 하지 않았습니다	아무리 낑낑대며 힘을 주어도
나한테는 어림없지	겨울밤이라 추워서	힘자랑을 하며 살았습니다
아무리 낑낑대며 힘을 주어도	황소가 끌 수 있다면	그것을 지켜본 호랑이는
힘자랑을 하지 않았습니다	황소를 부리던 농부가	농부가 고삐를 잡고
그것을 지켜본 호랑이는	힘자랑을 하며 살았습니다	힘이 세다는 걸
겨울밤이라 추워서	황소를 부리던 농부가	황소가 끌 수 있다면

4 글을 빠르고 정확하게 읽기

다음 글을 / 표시된 곳에서 끊어 읽어 봅시다. 읽을 때 빠르고 정확하게 읽도록 합시다

옛날 옛날 / 어느 산에 / 호랑이가 / 살았습니다. / 호랑이는 / 몸집도 크고 / 힘이 / 아주 셌지요. / 그래서 / 다른 동물들이 / 호랑이에게 / 찍소리도 못했답니다. / 호랑이는 / 언제나 뻐기면서 / 힘자랑을 하며 살았습니다. /

하루는 / 호랑이가 / 어슬렁어슬렁 돌아다니다 / 마을로 내려갔습니다. / 추운 겨울이었는데, / 황소가 / 짐수레를 끌고 걸어왔습니다. / 옆에는 / 농부가 / 고삐를 잡고 / 걸어오고 있었지요. / 그런데 / 짐수레에 / 나무가 / 잔뜩 쌓여 있었어요. /

'저 황소는 / 보통 힘센 놈이 / 아니구나.' /

호랑이는 / 황소를 보고 / 깜짝 놀라며 생각했습니다. /

'하지만 / 저 황소도 / 나한테는 어림없지. / 나는 / 저것보다 / 더 무거운 짐도 끌어봤어.' /

갑자기 / 황소를 부리던 농부가 / 멈춰 섰습니다. /

"짐이 너무 무거워 / 소가 많이 힘들겠어. / 수레를 여기다 세우고 / 내일 와서 가져가야겠다." /

그러고는 / 수레를 세우고 / 황소만 끌고 갔답니다. / '이따 어두워지면 / 내가 / 저 수레를 끌어봐야겠다. / 황소가 끌 수 있다면 / 나도 한다.' /

호랑이는 / 황소보다 / 힘이 세다는 걸 / 확인하고 싶었지요. /

밤이 되자 / 호랑이는 / 몰래 / 수레를 끌었습니다. / 아니, / 그런데 / 수레가 / 꼼짝도 안 했어요. / 아무리 낑낑대며 힘을 주어도 / 움직이지 않았답니다. / 겨울밤이라 추워서 / 수레바퀴가 / 땅에 / 얼어붙었던 거지요. / 하지만 / 호랑이는 / 그것도 모르고 / 포기하고 돌아갔습니다. /

다음 날 / 해가 뜨자 / 땅이 녹았습니다. / 농부는 / 황소를 데리고 / 다시 수레를 끌었지요. / 땅이 녹았으니 / 당연히 / 수레바퀴가 잘 움직였습니다. / 그것을 지켜본 호랑이는 / 깜짝 놀라며 생각했습니다. /

'아이고, / 저 황소가 / 나보다 / 힘이 세구나.' /

그다음부터는 / 호랑이가 / 힘자랑을 하지 않았습니다. /

6 이야기 지도 사용하여 글 읽고 이해하기: 인물, 시장, 사건, 끝을 기억하며 글의 내용 파악하기

'이야기 지도(인물, 시장, 사건, 끝)'를 사용하여 글의 내용을 파악해 봅시다

호랑이를 이긴 황소

옛날 옛날 어느 산에 호랑이가 살았습니다. 호랑이는 몸집도 크고 힘이 아주 셌지요. 그래서 다른 동물들이 호랑이에게 찍소리도 못했답니다. 호랑이는 언제나 뻐기면서 힘자랑을 하며 살았습니다.

하루는 호랑이가 어슬렁어슬렁 돌아다니다 마을로 내려갔습니다. 추운 겨울이었는데, 황소가 짐수레를 끌고 걸어왔습니다. 옆에는 농부가 고삐를 잡고 걸어오고 있었지요. 그런데 짐수레에 나무가 잔뜩 쌓여 있었어요.

'저 황소는 보통 힘센 놈이 아니구나.'

호랑이는 황소를 보고 깜짝 놀라며 생각했습니다.

'하지만 저 황소도 나한테는 어림없지. 나는 저것보다 더 무거운 짐도 끌어봤어.'

갑자기 황소를 부리던 농부가 멈춰 섰습니다.

"짐이 너무 무거워 소가 많이 힘들겠어. 수레를 여기다 세우고 내일 와서 가져가야겠다."

그러고는 수레를 세우고 황소만 끌고 갔답니다.

'이따 어두워지면 내가 저 수레를 끌어봐야겠다. 황소가 끌 수 있다면 나도 한다.'

호랑이는 황소보다 힘이 세다는 걸 확인하고 싶었지요.

밤이 되자 호랑이는 몰래 수레를 끌었습니다. 아니, 그런데 수레가 꼼짝도 안 했어요. 아무리 낑낑대며 힘을 주어도 움직이지 않았답니다. 겨울밤이라 추워서 수레바퀴가 땅에 얼어붙었던 거지요.

하지만 호랑이는 그것도 모르고 포기하고 돌아갔습니다.

다음 날 해가 뜨자 땅이 녹았습니다. 농부는 황소를 데리고 다시 수레를 끌었지요. 땅이 녹았으니 당연히 수레바퀴가 잘 움직였습니다. 그것을 지켜본 호랑이는 깜짝 놀라며 생각했습니다.

'아이고, 저 황소가 나보다 힘이 세구나.'

그다음부터는 호랑이가 힘자랑을 하지 않았습니다.

제목: 호랑이를 이긴 황소

1 인물 이야기에 등장하는 인물은 누구인가요?

2 시간과 장소 언제, 어디에서 일어난 이야기인가요?

시간:

장소:

3 사건들 인물에게 어떤 일들이 일어났나요? 일이 어떠한 차례로 일어났나요?

4 끝 이야기가 어떻게 끝났나요?

7 글의 주제 알기

글의 주제를 알아봅시다

글의 주제는 글쓴이가 읽는 이에게 말하고자 하는 생각 또는 의견입니다. 글의 주제는 '~하자. 해야 한다' 또는 '~하지 말자. 하지 말아야 한다'로 만들 수 있습니다.

'호랑이를 이긴 황소'를 읽고, 글의 주제를 써 봅시다.

읽기유창성

지시문

앞에 있는 종이에 글이 있어요. 이제 선생님이 "시작"이라고 하면(학생용 평가지의 첫 어절을 손가락으로 가리킨 후, 계속 훑으면서) 처음부터 읽기 시작해서 "그만"이라고 할 때까지 최대한 정확하게, 그리고 최대한 빨리 읽으세요. 글을 읽다가 모르는 글자가 나오면 선생님이 어떻게 해야 할지 알려 줄게요. 최선을 다하세요. 질문 있어요? (질문이 있으면 질문에 대답한다.) 준비, 시작. (학생이 첫 어절을 말함과 동시에 타이머를 누르고 1분간 학생의 반응을 기록한 뒤 1분이 지나면 "그만"이라고 말한다.)

옛날 옛날 어느 산에 호랑이가 살았습니다. 호랑이는 몸집도 크고 힘이 아주 셌지요. 그래서 다른 동물들이 호랑이에게 끽소리도 못했답니다. 호랑이는 언제나 뻐기면서 힘자랑을 하며 살았습니다.

하루는 호랑이가 어슬렁어슬렁 돌아다니다 마을로 내려갔습니다. 추운 겨울이었는데, 황소가 짐수레를 끌고 걸어왔습니다. 옆에는 농부가 고삐를 잡고 걸어오고 있었지요. 그런데 짐수레에 나무가 잔뜩 쌓여 있었어요.

'저 황소는 보통 힘센 놈이 아니구나.'

호랑이는 황소를 보고 깜짝 놀라며 생각했습니다.

'하지만 저 황소도 나한테는 어림없지. 나는 저것보다 더 무거운 짐도 끌어봤어.'

갑자기 황소를 부리던 농부가 멈춰 섰습니다.

"짐이 너무 무거워 소가 많이 힘들겠어. 수레를 여기다 세우고 내일 와서 가져가야겠다."

그러고는 수레를 세우고 황소만 끌고 갔답니다.

'이따 어두워지면 내가 저 수레를 끌어봐야겠다. 황소가 끌 수 있다면 나도 한다.'

호랑이는 황소보다 힘이 세다는 걸 확인하고 싶었지요.

밤이 되자 호랑이는 몰래 수레를 끌었습니다. 아니, 그런데 수레가 꼼짝도 안 했어요. 아무리 낑낑대며 힘을 주어도 움직이지 않았답니다. 겨울밤이라 추워서 수레바퀴가 땅에 얼어붙었던 거지요.

하지만 호랑이는 그것도 모르고 포기하고 돌아갔습니다.

다음 날 해가 뜨자 땅이 녹았습니다. 농부는 황소를 데리고 다시 수레를 끌었지요. 땅이 녹았으니 당연히 수레바퀴가 잘 움직였습니다. 그것을 지켜본 호랑이는 깜짝 놀라며 생각했습니다.

'아이고, 저 황소가 나보다 힘이 세구나.'

그다음부터는 호랑이가 힘자랑을 하지 않았습니다.

읽기유창성 점수: ____________

▶ 사전평가와 사후평가의 지문은 학지사 홈페이지(http://www.hakjisa.co.kr)에서 내려받을 수 있습니다.

읽기이해

다음 질문에 최대한 자세히 답을 써 주세요.

(※ 쓰는 것이 어려운 학생의 경우, 구두로 답하도록 하세요.)

1 | 이야기에 나오는 등장인물은 누구인가요? 모두 써 보세요.

2 | 언제, 어디에서 있었던 일인가요?

1) 언제:

2) 어디서:

3 | 호랑이가 황소를 보고 깜짝 놀란 까닭은 무엇일까요?

4 | 호랑이가 황소보다 더 힘이 세다는 것을 확인하려고 어떻게 하였나요?

5 | 호랑이가 끈 수레바퀴가 왜 꼼짝도 하지 않았나요?

6 | 호랑이가 더 이상 힘자랑을 하지 않게 된 까닭은 무엇일까요?

7 | 우리도 호랑이처럼 힘이 세다면 어떻게 하여야 할까요? 그것을 어떻게 알 수 있는지 글에서 찾아 써 보세요.

1) 어떻게 하여야 할까요?

2) 그것을 어떻게 알 수 있나요?

3. 바닷물이 짠 이유

학 ◇ 습 ◇ 목 ◇ 표

- 글을 읽을 때, 적당한 부분에서 글을 빠르고 정확하게 끊어 읽을 수 있다.
- 글을 읽고, 글의 중심내용과 글의 주제를 파악할 수 있다.

사 ◇ 전 ◇ 평 ◇ 가

지시문

앞에 있는 종이에 글이 있어요. 이제 선생님이 "시작"이라고 하면(학생용 평가지의 첫 어절을 손가락으로 가리킨 후, 계속 훑으면서) 처음부터 읽기 시작해서 "그만"이라고 할 때까지 최대한 정확하게, 그리고 최대한 빨리 읽으세요. 글을 읽다가 모르는 글자가 나오면 선생님이 어떻게 해야 할지 알려 줄게요. 최선을 다하세요. 질문 있어요? (질문이 있으면 질문에 대답한다.) 준비, 시작. (학생이 첫 어절을 말함과 동시에 타이머를 누르고 1분간 학생의 반응을 기록한 뒤 1분이 지나면 "그만"이라고 말한다.)

옛날 어느 마을에 가난한 농부가 살았습니다. 가난했지만 가진 것을 나누는 착한 농부였지요. 하루는 농부가 길에서 쓰러진 노인을 만났습니다. 농부는 집으로 노인을 모셔 정성껏 돌보았습니다.

며칠이 지나자 노인은 기운을 차리게 되었지요. 그러고는 길을 떠나며 농부에게 선물을 주었습니다.

"내가 가진 게 맷돌뿐이니 이거라도 받으시오."

그런데 노인을 돌보느라 쌀이 모두 떨어졌지요. 그래서 농부는 맷돌을 돌리며 이렇게 말했답니다.

"어디서 쌀 한 주먹이라도 나왔으면 좋겠구나."

농부의 말이 끝나자마자 맷돌에서 쌀이 나왔습니다. 농부는 너무 놀라 다시 이렇게 말했지요.

"이웃집 할머니 병에 좋은 약이 나오너라."

이번에도 맷돌에서 약이 와르르 쏟아져 나왔답니다. 이렇게 해서 농부는 금세 부자가 되었지요.

그런데 같은 마을에 욕심 많은 부자가 살았습니다. 부자는 맷돌 이야기를 듣고 배가 아팠지요. 부자는 맷돌을 훔쳐 배를 타고 달아났습니다. 바다를 건너야 들통나지 않을 거라 생각했지요. 한참 동안 배를 타고 가다 맷돌을 시험하고 싶어졌지요.

"히히, 맷돌아, 맷돌아, 소금을 왕창 쏟아 내어라."

부자의 말이 끝나자마자 맷돌에서 소금이 쏟아졌지요. 부자는 너무 좋아 맷돌을 멈추지 않았어요. 금세 소금이 가득 차 배가 그만 가라앉아 버렸습니다. 아직도 맷돌에서 소금이 나와 바닷물이 짜다고 합니다.

읽기유창성 점수: ____________

▶ 사전평가와 사후평가의 지문은 학지사 홈페이지(http://www.hakjisa.co.kr)에서 내려받을 수 있습니다.

1 단어를 빠르고 정확하게 읽기

다음 단어를 바르게 읽어 봅시다

기운을	맷돌뿐이니
맷돌을	쏟아져
훔쳐	시험하고
끝나자마자	쏟아졌지요
금세	가라앉아

▶ 이 페이지의 내용은 복사하거나 학지사 홈페이지(http://www.hakjisa.co.kr)에서 내려받아 사용하세요!

다음 단어들을 빠르고 정확하게 읽어 봅시다

기운을	맷돌뿐이니	맷돌을	쏟아져	훔쳐
시험하고	끝나자마자	쏟아졌지요	금세	가라앉아
금세	가라앉아	기운을	맷돌을	쏟아져
기운을	훔쳐	맷돌뿐이니	시험하고	끝나자마자
맷돌뿐이니	쏟아져	맷돌을	금세	가라앉아
기운을	맷돌뿐이니	쏟아져	맷돌을	쏟아져
훔쳐	시험하고	훔쳐	끝나자마자	쏟아졌지요
금세	가라앉아	시험하고	기운을	맷돌뿐이니
훔쳐	시험하고	끝나자마자	금세	쏟아졌지요
맷돌을	쏟아져	쏟아졌지요	끝나자마자	가라앉아

2 어휘의 뜻 알아보기

다음 단어를 알아봅시다

예시문을 읽고, 내가 생각하는 단어의 뜻을 써 봅시다.

올바른 단어의 뜻을 써 봅시다.

정의

기운

예시문 며칠이 지나자 노인은 기운을 차리게 되었지요.

문장 만들기

새로운 문장을 만들어 써 봅시다.

도전문제

기운이 없을 때는 어떻게 해야 하나요?

예시문을 읽고, 내가 생각하는 단어의 뜻을 써 봅시다.

올바른 단어의 뜻을 써 봅시다.

정의

- ______
- ______
- ______

비슷한 말

금세

예시문 이렇게 해서 농부는 금세 부자가 되었지요.

문장 만들기

비슷한 말을 넣어서 문장을 완성해 봅시다.

이렇게 해서 농부는 ______ 부자가 되었지요.

새로운 문장을 만들어 써 봅시다.

도전문제

숙제를 금세 끝내는 좋은 방법은 무엇일까요?

예시문을 읽고, 내가 생각하는 단어의 뜻을 써 봅시다.

___

올바른 단어의 뜻을 써 봅시다.

___

정의

비슷한 말

- ___
- ___
- ___

시험하다

예시문 한참 동안 배를 타고 가다가 맷돌을 시험하고 싶어졌지요.

문장 만들기

비슷한 말을 넣어서 문장을 완성해 봅시다.

한참 동안 배를 타고 가다가 맷돌을 ___ 싶어졌지요.

새로운 문장을 만들어 써 봅시다.

___

도전문제

내 능력을 시험해 보고 싶었던 적이 있었나요? 어떤 능력을 시험해 보고 싶었나요?

___

___

예시문을 읽고, 내가 생각하는 단어의 뜻을 써 봅시다.

______

올바른 단어의 뜻을 써 봅시다.

______

정의

가라앉다

예시문 금세 소금이 가득 차 배가 그만 가라앉아 버렸습니다.

비슷한 말

- ______
- ______
- ______

반대말

- ______
- ______
- ______

문장 만들기

비슷한 말을 넣어서 문장을 완성해 봅시다.

금세 소금이 가득 차 배가 그만 ______ 버렸습니다.

새로운 문장을 만들어 써 봅시다.

______

도전문제

어떨 때 배가 가라앉을 수 있나요?

______

______

다음 보기의 단어 중, 문장에 알맞은 단어를 써 봅시다.

보기

기운, 금세, 시험해, 가라앉고

1 그 많은 과일을 나는 ______________ 먹어 치웠다.

2 누가 더 빠른지 달리기 실력을 ______________ 보기로 했다.

3 다음에 잘하면 되니까, 실망하지 말고 ______________을 내라.

4 얼음이 점점 ______________ 있다.

3 어구를 빠르고 정확하게 읽기

다음 어구를 바르게 읽어 봅시다

쓰러진 노인을 만났습니다	내가 가진 게
쌀 한 주먹이라도	농부의 말이 끝나자마자
와르르 쏟아져 나왔답니다	들통나지 않을 거라
맷돌을 시험하고 싶어졌지요	소금을 왕창 쏟아내어라

▶ 이 페이지의 내용은 복사하거나 학지사 홈페이지(http://www.hakjisa.co.kr)에서 내려받아 사용하세요!

다음 어구/절들을 빠르고 정확하게 읽어 봅시다

쓰러진 노인을 만났습니다	쌀 한 주먹이라도	들통나지 않을 거라
내가 가진 게	농부의 말이 끝나자마자	와르르 쏟아져 나왔답니다
소금을 왕창 쏟아 내어라	소금을 왕창 쏟아내어라	내가 가진 게
쌀 한 주먹이라도	와르르 쏟아져 나왔답니다	소금을 왕창 쏟아내어라
들통나지 않을 거라	쓰러진 노인을 만났습니다	소금을 왕창 쏟아 내어라
농부의 말이 끝나자마자	내가 가진 게	쌀 한 주먹이라도
쓰러진 노인을 만났습니다	농부의 말이 끝나자마자	소금을 왕창 쏟아 내어라
들통나지 않을 거라	소금을 왕창 쏟아내어라	와르르 쏟아져 나왔답니다
농부의 말이 끝나자마자	쓰러진 노인을 만났습니다	들통나지 않을 거라
소금을 왕창 쏟아내어라	내가 가진 게	와르르 쏟아져 나왔답니다
소금을 왕창 쏟아 내어라	쌀 한 주먹이라도	들통나지 않을 거라
내가 가진 게	농부의 말이 끝나자마자	쌀 한 주먹이라도
쓰러진 노인을 만났습니다	와르르 쏟아져 나왔답니다	소금을 왕창 쏟아 내어라
농부의 말이 끝나자마자	내가 가진 게	와르르 쏟아져 나왔답니다

▶ 이 페이지의 내용은 복사하거나 학지사 홈페이지(http://www.hakjisa.co.kr)에서 내려받아 사용하세요!

4 글을 빠르고 정확하게 읽기

다음 글을 / 표시된 곳에서 끊어 읽어 봅시다. 읽을 때 빠르고 정확하게 읽도록 합시다

옛날 / 어느 마을에 / 가난한 농부가 / 살았습니다. / 가난했지만 / 가진 것을 나누는 / 착한 농부였지요. / 하루는 / 농부가 / 길에서 / 쓰러진 노인을 만났습니다. / 농부는 / 집으로 노인을 모셔 / 정성껏 돌보았습니다. / 며칠이 지나자 / 노인은 / 기운을 차리게 되었지요. / 그러고는 / 길을 떠나며 / 농부에게 / 선물을 주었습니다. /

"내가 가진 게 / 맷돌뿐이니 / 이거라도 받으시오." /

그런데 / 노인을 돌보느라 / 쌀이 / 모두 떨어졌지요. / 그래서 / 농부는 / 맷돌을 돌리며 / 이렇게 말했답니다. /

"어디서 / 쌀 한 주먹이라도 / 나왔으면 좋겠구나." /

농부의 말이 끝나자마자 / 맷돌에서 / 쌀이 나왔습니다. / 농부는 / 너무 놀라 / 다시 이렇게 말했지요. /

"이웃집 할머니 병에 / 좋은 약이 / 나오너라." /

이번에도 / 맷돌에서 / 약이 / 와르르 쏟아져 나왔답니다. / 이렇게 해서 / 농부는 / 금세 부자가 되었지요. /

그런데 / 같은 마을에 / 욕심 많은 부자가 / 살았습니다. / 부자는 / 맷돌 이야기를 듣고 / 배가 아팠지요. / 부자는 / 맷돌을 훔쳐 / 배를 타고 달아났습니다. / 바다를 건너야 / 들통나지 않을 거라 / 생각했지요. / 한참 동안 / 배를 타고 가다 / 맷돌을 시험하고 싶어졌지요. /

"히히, / 맷돌아, / 맷돌아, / 소금을 왕창 쏟아 내어라." /

부자의 말이 끝나자마자 / 맷돌에서 / 소금이 쏟아졌지요. / 부자는 / 너무 좋아 / 맷돌을 멈추지 않았어요. / 금세 소금이 가득 차 / 배가 / 그만 가라앉아 버렸습니다. / 아직도 / 맷돌에서 / 소금이 나와 / 바닷물이 짜다고 합니다. /

6 이야기 지도 사용하여 글 읽고 이해하기: 인물, 시장, 사건, 끝을 기억하며 글의 내용 파악하기

'이야기 지도(인물, 시장, 사건, 끝)'를 사용하여 글의 내용을 파악해 봅시다

바닷물이 짠 이유

옛날 어느 마을에 가난한 농부가 살았습니다. 가난했지만 가진 것을 나누는 착한 농부였지요. 하루는 농부가 길에서 쓰러진 노인을 만났습니다. 농부는 집으로 노인을 모셔 정성껏 돌보았습니다.

며칠이 지나자 노인은 기운을 차리게 되었지요. 그러고는 길을 떠나며 농부에게 선물을 주었습니다.

"내가 가진 게 맷돌뿐이니 이거라도 받으시오."

그런데 노인을 돌보느라 쌀이 모두 떨어졌지요. 그래서 농부는 맷돌을 돌리며 이렇게 말했답니다.

"어디서 쌀 한 주먹이라도 나왔으면 좋겠구나."

농부의 말이 끝나자마자 맷돌에서 쌀이 나왔습니다. 농부는 너무 놀라 다시 이렇게 말했지요.

"이웃집 할머니 병에 좋은 약이 나오너라."

이번에도 맷돌에서 약이 와르르 쏟아져 나왔답니다. 이렇게 해서 농부는 금세 부자가 되었지요.

그런데 같은 마을에 욕심 많은 부자가 살았습니다. 부자는 맷돌 이야기를 듣고 배가 아팠지요. 부자는 맷돌을 훔쳐 배를 타고 달아났습니다. 바다를 건너야 들통나지 않을 거라 생각했지요. 한참 동안 배를 타고 가다 맷돌을 시험하고 싶어졌지요.

"히히, 맷돌아, 맷돌아, 소금을 왕창 쏟아 내어라."

부자의 말이 끝나자마자 맷돌에서 소금이 쏟아졌지요. 부자는 너무 좋아 맷돌을 멈추지 않았어요. 금세 소금이 가득 차 배가 그만 가라앉아 버렸습니다. 아직도 맷돌에서 소금이 나와 바닷물이 짜다고 합니다.

제목: 바닷물이 짠 이유

1 인물 이야기에 등장하는 인물은 누구인가요?

2 시간과 장소 언제, 어디에서 일어난 이야기인가요?

시간:

장소:

3 사건들 인물에게 어떤 일들이 일어났나요? 일이 어떠한 차례로 일어났나요?

4 끝 이야기가 어떻게 끝났나요?

7 글의 주제 알기

글의 주제를 알아봅시다

글의 주제는 글쓴이가 읽는 이에게 말하고자 하는 생각 또는 의견입니다. 글의 주제는 '~하자. 해야 한다' 또는 '~하지 말자. 하지 말아야 한다'로 만들 수 있습니다.

'바닷물이 짠 이유'를 읽고, 글의 주제를 써 봅시다.

읽기유창성

지시문

앞에 있는 종이에 글이 있어요. 이제 선생님이 "시작"이라고 하면(학생용 평가지의 첫 어절을 손가락으로 가리킨 후, 계속 훑으면서) 처음부터 읽기 시작해서 "그만"이라고 할 때까지 최대한 정확하게, 그리고 최대한 빨리 읽으세요. 글을 읽다가 모르는 글자가 나오면 선생님이 어떻게 해야 할지 알려 줄게요. 최선을 다하세요. 질문 있어요? (질문이 있으면 질문에 대답한다.) 준비, 시작. (학생이 첫 어절을 말함과 동시에 타이머를 누르고 1분간 학생의 반응을 기록한 뒤 1분이 지나면 "그만"이라고 말한다.)

옛날 어느 마을에 가난한 농부가 살았습니다. 가난했지만 가진 것을 나누는 착한 농부였지요. 하루는 농부가 길에서 쓰러진 노인을 만났습니다. 농부는 집으로 노인을 모셔 정성껏 돌보았습니다.

며칠이 지나자 노인은 기운을 차리게 되었지요. 그러고는 길을 떠나며 농부에게 선물을 주었습니다.

"내가 가진 게 맷돌뿐이니 이거라도 받으시오."

그런데 노인을 돌보느라 쌀이 모두 떨어졌지요. 그래서 농부는 맷돌을 돌리며 이렇게 말했답니다.

"어디서 쌀 한 주먹이라도 나왔으면 좋겠구나."

농부의 말이 끝나자마자 맷돌에서 쌀이 나왔습니다. 농부는 너무 놀라 다시 이렇게 말했지요.

"이웃집 할머니 병에 좋은 약이 나오너라."

이번에도 맷돌에서 약이 와르르 쏟아져 나왔답니다. 이렇게 해서 농부는 금세 부자가 되었지요.

그런데 같은 마을에 욕심 많은 부자가 살았습니다. 부자는 맷돌 이야기를 듣고 배가 아팠지요. 부자는 맷돌을 훔쳐 배를 타고 달아났습니다. 바다를 건너야 들통나지 않을 거라 생각했지요. 한참 동안 배를 타고 가다 맷돌을 시험하고 싶어졌지요.

"히히, 맷돌아, 맷돌아, 소금을 왕창 쏟아 내어라."

부자의 말이 끝나자마자 맷돌에서 소금이 쏟아졌지요. 부자는 너무 좋아 맷돌을 멈추지 않았어요. 금세 소금이 가득 차 배가 그만 가라앉아 버렸습니다. 아직도 맷돌에서 소금이 나와 바닷물이 짜다고 합니다.

읽기유창성 점수: ______________

▶ 사전평가와 사후평가의 지문은 학지사 홈페이지(http://www.hakjisa.co.kr)에서 내려받을 수 있습니다.

읽기이해

다음 질문에 최대한 자세히 답을 써 주세요.
(※ 쓰는 것이 어려운 학생의 경우, 구두로 답하도록 하세요.)

1 이야기에 나오는 중심인물은 누구인가요? 세 사람을 써 보세요.

2 언제, 어디에서 있었던 일인가요?

1) 언제:

2) 어디서:

3 노인이 농부에게 맷돌을 선물로 준 까닭은 무엇일까요?

4 농부는 어떻게 부자가 되었나요?

5 맷돌 이야기를 들은 부자는 어떻게 하였나요?

6 부자가 탄 배가 왜 가라앉았나요?

7 이야기는 우리에게 어떤 교훈을 주나요? 그것을 어떻게 알 수 있는지 글에서 찾아 써 보세요.

1) 어떤 교훈을 주나요?

2) 그것을 어떻게 알 수 있나요?

4. 뼈다귀 귀신

학 ◇ 습 ◇ 목 ◇ 표

- 글을 읽을 때, 적당한 부분에서 글을 빠르고 정확하게 끊어 읽을 수 있다.
- 글을 읽고, 글의 중심내용과 글의 주제를 파악할 수 있다.

사 ◇ 전 ◇ 평 ◇ 가

지시문

앞에 있는 종이에 글이 있어요. 이제 선생님이 "시작"이라고 하면(학생용 평가지의 첫 어절을 손가락으로 가리킨 후, 계속 훑으면서) 처음부터 읽기 시작해서 "그만"이라고 할 때까지 최대한 정확하게, 그리고 최대한 빨리 읽으세요. 글을 읽다가 모르는 글자가 나오면 선생님이 어떻게 해야 할지 알려 줄게요. 최선을 다하세요. 질문 있어요? (질문이 있으면 질문에 대답한다.) 준비, 시작. (학생이 첫 어절을 말함과 동시에 타이머를 누르고 1분간 학생의 반응을 기록한 뒤 1분이 지나면 "그만"이라고 말한다.)

옛날 옛적 떠돌이 소금 장수가 살았습니다. 하루는 고개를 넘다 다리가 아파 쉬었답니다. 그런데 마침 옆에 무덤이 하나 있었어요. 무심코 무덤 앞을 보니 뼈다귀가 있더랍니다. 가만히 보니 뼈다귀가 사람 정강이뼈처럼 생겼지요. 소금 장수는 심심해서 뼈다귀를 주워서 놀았어요. 만져보기도 하고, 위로 던졌다가 받기도 했지요. 그렇게 한참을 가지고 놀다가 제자리에 놓았어요. 그리고는 다시 일어나 걸어가는데 기분이 이상했답니다. 뒤를 돌아보니 뼈다귀가 졸졸 자기를 따라오더랍니다. 걸어가면 뼈다귀도 따라오고, 멈추면 뼈다귀도 멈췄지요. 마치 사람이 일부러 따라오듯이 졸졸 쫓아오더랍니다.

며칠을 뼈다귀랑 함께 다니다 마을에 이르렀습니다. 마침 그 마을은 잔치가 벌어져 시끌벅적했답니다.

"뼈다귀야, 내가 잔칫집에서 음식을 얻어 올게. 너는 여기서 짐을 지키고 가만히 있으렴."

그랬더니 신기하게도 뼈다귀가 가만히 있더랍니다. 소금 장수는 잔칫집에서 음식을 얻는 척했지요. 그러다 뒷문으로 살짝 빠져 도망을 쳤답니다.

그렇게 도망을 친 후 10년이 지났습니다. 소금 장수는 뼈다귀가 궁금해 마을로 찾아갔습니다. 그런데 뼈다귀는 없고 초가집이 하나 있었지요. 날이 저물자 소금 장수는 초가집에 들어갔습니다. 하룻밤 재워달라고 부탁했더니 초가집에서 할머니가 나왔습니다. 할머니는 그렇게 하라고 하고는 저녁을 차려주었지요. 소금 장수는 저녁을 먹고 뼈다귀 이야기를 자세하게 들려주었어요.

그랬더니 갑자기 할머니가 무섭게 변하면서 달려들었어요.

"내가 바로 그때 그 뼈다귀다!"

읽기유창성 점수:

▶ 사전평가와 사후평가의 지문은 학지사 홈페이지(http://www.hakjisa.co.kr)에서 내려받을 수 있습니다.

1 단어를 빠르고 정확하게 읽기

다음 단어를 바르게 읽어 봅시다

뼈다귀	부러뜨리고
외동아들을	난리가
둘레에는	잡아당겼어요
놓쳤지요	틈에
정신없이	뒤집어쓴

▶ 이 페이지의 내용은 복사하거나 학지사 홈페이지(http://www.hakjisa.co.kr)에서 내려받아 사용하세요!

다음 단어들을 빠르고 정확하게 읽어 봅시다

뼈다귀	부러뜨리고	외동아들을	난리가	둘레에는
놓쳤지요	뒤집어쓴	정신없이	틈에	잡아당겼어요
외동아들을	둘레에는	뼈다귀	난리가	놓쳤지요
정신없이	부러뜨리고	틈에	잡아당겼어요	뒤집어쓴
부러뜨리고	잡아당겼어요	둘레에는	뒤집어쓴	틈에
외동아들을	놓쳤지요	정신없이	난리가	뼈다귀
둘레에는	부러뜨리고	틈에	놓쳤지요	정신없이
잡아당겼어요	외동아들을	뼈다귀	뒤집어쓴	난리가
정신없이	뼈다귀	틈에	둘레에는	잡아당겼어요
난리가	부러뜨리고	뒤집어쓴	외동아들을	놓쳤지요

2 어휘의 뜻 알아보기

다음 단어를 알아봅시다

예시문을 읽고, 내가 생각하는 단어의 뜻을 써 봅시다.

올바른 단어의 뜻을 써 봅시다.

정의

비슷한 말

•

•

•

떠돌이

예시문 옛날 옛적 떠돌이 소금 장수가 살았습니다.

문장 만들기

비슷한 말을 넣어서 문장을 완성해 봅시다.

옛날 옛적 ______ 소금 장수가 살았습니다.

새로운 문장을 만들어 써 봅시다.

도전문제

문장에 맞게 단어가 사용되었는지 생각해 봅시다.

1) 여러 동네를 다니며 옷을 파는 떠돌이 장사꾼이 있었습니다.

예( ) 아니요 ( ) 왜 그렇다고 생각하나요?

2) 한 달 동안 집에만 있었더니 떠돌이 신세가 되었습니다.

예( ) 아니요 ( ) 왜 그렇다고 생각하나요?

예시문을 읽고, 내가 생각하는 단어의 뜻을 써 봅시다.

올바른 단어의 뜻을 써 봅시다.

정의

지키다

예시문 너는 여기서 짐을 지키고 가만히 있으렴.

비슷한 말

-
-
-

문장 만들기

비슷한 말을 넣어서 문장을 완성해 봅시다.

너는 여기서 짐을 ________ 가만히 있으렴.

새로운 문장을 만들어 써 봅시다.

도전문제

무언가를 지킨 경험이 있나요?

예시문을 읽고, 내가 생각하는 단어의 뜻을 써 봅시다.

올바른 단어의 뜻을 써 봅시다.

정의

일부러

예시문 마치 사람이 일부러 따라오듯이 졸졸 쫓아오더랍니다.

비슷한 말

•

•

•

문장 만들기

비슷한 말을 넣어서 문장을 완성해 봅시다.

마치 사람이 ______ 따라오듯이 졸졸 쫓아오더랍니다.

새로운 문장을 만들어 써 봅시다.

도전문제

일부러 누군가를 귀찮게 한 적이 있나요?

예시문을 읽고, 내가 생각하는 단어의 뜻을 써 봅시다.

____

올바른 단어의 뜻을 써 봅시다.

____

정의

기분

예시문 그러고는 다시 일어나 걸어가는데 기분이 이상했답니다.

비슷한 말

- ______________
- ______________
- ______________

문장 만들기

비슷한 말을 넣어서 문장을 완성해 봅시다.

그러고는 다시 일어나 걸어가는데 ____________ 이 이상했답니다.

새로운 문장을 만들어 써 봅시다.

____

도전문제

친구가 어떤 기분인지 어떻게 알 수 있나요? 다음 표를 채워 보세요.

기분	어떻게 알 수 있나요?
기쁜	웃는 모습
슬픈	
심각한	
걱정하는	
화난	

다음 보기의 단어 중, 문장에 알맞은 단어를 써 봅시다.

보기

떠돌이, 기분, 방랑자, 고의, 지키고, 일부러, 느낌, 보호하고

1 ______________ 의 비슷한 말은 ______________ 입니다.

2 ______________ 의 비슷한 말은 ______________ 입니다.

3 ______________ 의 비슷한 말은 ______________ 입니다.

4 ______________ 의 비슷한 말은 ______________ 입니다.

3 어구를 빠르고 정확하게 읽기

다음 어구를 바르게 읽어 봅시다

사람 정강이뼈처럼 생겼지요	위로 던졌다가 받기도 했지요
한참을 가지고 놀다가	뒤를 돌아보니
마치 사람이 일부러 따라오듯이	며칠을 뼈다귀랑 함께 다니다
음식을 얻는 척했지요	그렇게 도망을 친 후
날이 저물자	하룻밤 재워달라고 부탁했더니
그렇게 하라고 하고는	

▶ 이 페이지의 내용은 복사하거나 학지사 홈페이지(http://www.hakjisa.co.kr)에서 내려받아 사용하세요!

다음 어구/절들을 빠르고 정확하게 읽어 봅시다

사람 정강이뼈처럼 생겼지요	위로 던졌다가 받기도 했지요	마치 사람이 일부러 따라오듯이
한참을 가지고 놀다가	며칠을 뼈다귀랑 함께 다니다	뒤를 돌아보니
음식을 얻는 척했지요	하룻밤 재워달라고 부탁했더니	그렇게 도망을 친 후
그렇게 하라고 하고는	날이 저물자	마치 사람이 일부러 따라오듯이
며칠을 뼈다귀랑 함께 다니다	하룻밤 재워달라고 부탁했더니	뒤를 돌아보니
그렇게 도망을 친 후	날이 저물자	그렇게 하라고 하고는
음식을 얻는 척했지요	한참을 가지고 놀다가	사람 정강이뼈처럼 생겼지요
위로 던졌다가 받기도 했지요	며칠을 뼈다귀랑 함께 다니다	위로 던졌다가 받기도 했지요
음식을 얻는 척했지요	그렇게 도망을 친 후	그렇게 하라고 하고는
마치 사람이 일부러 따라오듯이	사람 정강이뼈처럼 생겼지요	한참을 가지고 놀다가
뒤를 돌아보니	하룻밤 재워달라고 부탁했더니	날이 저물자
위로 던졌다가 받기도 했지요	한참을 가지고 놀다가	뒤를 돌아보니
하룻밤 재워달라고 부탁했더니	날이 저물자	그렇게 도망을 친 후
음식을 얻는 척했지요	며칠을 뼈다귀랑 함께 다니다	사람 정강이뼈처럼 생겼지요
마치 사람이 일부러 따라오듯이	그렇게 하라고 하고는	하룻밤 재워달라고 부탁했더니
뒤를 돌아보니	위로 던졌다가 받기도 했지요	그렇게 도망을 친 후
날이 저물자	음식을 얻는 척했지요	한참을 가지고 놀다가
사람 정강이뼈처럼 생겼지요	며칠을 뼈다귀랑 함께 다니다	그렇게 하라고 하고는
마치 사람이 일부러 따라오듯이	뒤를 돌아보니	사람 정강이뼈처럼 생겼지요

4 글을 빠르고 정확하게 읽기

다음 글을 / 표시된 곳에서 끊어 읽어 봅시다. 읽을 때 빠르고 정확하게 읽도록 합시다

옛날 옛적 / 떠돌이 소금 장수가 / 살았습니다. / 하루는 / 고개를 넘다 / 다리가 아파 쉬었답니다. / 그런데 / 마침 옆에 / 무덤이 / 하나 있었어요. / 무심코 / 무덤 앞을 보니 / 뼈다귀가 / 있더랍니다. / 가만히 보니 / 뼈다귀가 / 사람 정강이뼈처럼 생겼지요. / 소금 장수는 / 심심해서 / 뼈다귀를 주워서 놀았어요. / 만져보기도 하고, / 위로 던졌다가 받기도 했지요. / 그렇게 / 한참을 가지고 놀다가 / 제자리에 놓았어요. / 그러고는 / 다시 일어나 걸어가는데 / 기분이 / 이상했답니다. / 뒤를 돌아보니 / 뼈다귀가 / 졸졸 자기를 따라오더랍니다. / 걸어가면 뼈다귀도 따라오고, / 멈추면 뼈다귀도 멈췄지요. / 마치 사람이 일부러 따라오듯이 / 졸졸 쫓아오더랍니다. /

며칠을 뼈다귀랑 함께 다니다 / 마을에 이르렀습니다. / 마침 / 그 마을은 / 잔치가 벌어져 / 시끌벅적했답니다. /

"뼈다귀야, / 내가 / 잔칫집에서 / 음식을 얻어 올게. / 너는 / 여기서 / 짐을 지키고 / 가만히 있으렴." /

그랬더니 / 신기하게도 / 뼈다귀가 / 가만히 있더랍니다. / 소금 장수는 / 잔칫집에서 / 음식을 얻는 척했지요. / 그러다 / 뒷문으로 / 살짝 빠져 / 도망을 쳤답니다. /

그렇게 도망을 친 후 / 10년이 지났습니다. / 소금 장수는 / 뼈다귀가 궁금해 / 마을로 찾아갔습니다. / 그런데 / 뼈다귀는 없고 / 초가집이 하나 있었지요. / 날이 저물자 / 소금 장수는 / 초가집에 들어갔습니다. / 하룻밤 재워달라고 부탁했더니 / 초가집에서 / 할머니가 / 나왔습니다. / 할머니는 / 그렇게 하라고 하고는 / 저녁을 차려주었지요. / 소금 장수는 / 저녁을 먹고 / 뼈다귀 이야기를 자세하게 들려주었어요. /

그랬더니 / 갑자기 / 할머니가 / 무섭게 변하면서 달려들었어요. /

"내가 / 바로 그때 / 그 뼈다귀다!" /

6 이야기 지도 사용하여 글 읽고 이해하기: 인물, 시장, 사건, 끝을 기억하며 글의 내용 파악하기

'이야기 지도(인물, 시장, 사건, 끝)'를 사용하여 글의 내용을 파악해 봅시다

뼈다귀 귀신

옛날 옛적 떠돌이 소금 장수가 살았습니다. 하루는 고개를 넘다 다리가 아파 쉬었답니다. 그런데 마침 옆에 무덤이 하나 있었어요. 무심코 무덤 앞을 보니 뼈다귀가 있더랍니다. 가만히 보니 뼈다귀가 사람 정강이뼈처럼 생겼지요. 소금 장수는 심심해서 뼈다귀를 주워서 놀았어요. 만져보기도 하고, 위로 던졌다가 받기도 했지요. 그렇게 한참을 가지고 놀다가 제자리에 놓았어요. 그러고는 다시 일어나 걸어가는데 기분이 이상했답니다. 뒤를 돌아보니 뼈다귀가 졸졸 자기를 따라오더랍니다. 걸어가면 뼈다귀도 따라오고, 멈추면 뼈다귀도 멈췄지요. 마치 사람이 일부러 따라오듯이 졸졸 쫓아오더랍니다.

며칠을 뼈다귀랑 함께 다니다 마을에 이르렀습니다. 마침 그 마을은 잔치가 벌어져 시끌벅적했답니다.

"뼈다귀야, 내가 잔칫집에서 음식을 얻어 올게. 너는 여기서 짐을 지키고 가만히 있으렴."

그랬더니 신기하게도 뼈다귀가 가만히 있더랍니다. 소금 장수는 잔칫집에서 음식을 얻는 척했지요. 그러다 뒷문으로 살짝 빠져 도망을 쳤답니다.

그렇게 도망을 친 후 10년이 지났습니다. 소금 장수는 뼈다귀가 궁금해 마을로 찾아갔습니다. 그런데 뼈다귀는 없고 초가집이 하나 있었지요. 날이 저물자 소금 장수는 초가집에 들어갔습니다. 하룻밤 재워달라고 부탁했더니 초가집에서 할머니가 나왔습니다. 할머니는 그렇게 하라고 하고는 저녁을 차려주었지요. 소금 장수는 저녁을 먹고 뼈다귀 이야기를 자세하게 들려주었어요.

그랬더니 갑자기 할머니가 무섭게 변하면서 달려들었어요.

"내가 바로 그때 그 뼈다귀다!"

제목: 뼈다귀 귀신

1 인물 이야기에 등장하는 인물은 누구인가요?

2 시간과 장소 언제, 어디에서 일어난 이야기인가요?

시간:

장소:

3 사건들 인물에게 어떤 일들이 일어났나요? 일이 어떠한 차례로 일어났나요?

4 끝 이야기가 어떻게 끝났나요?

7 글의 주제 알기

글의 주제를 알아봅시다

글의 주제는 글쓴이가 읽는 이에게 말하고자 하는 생각 또는 의견입니다. 글의 주제는 '~하자. 해야 한다' 또는 '~하지 말자. 하지 말아야 한다'로 만들 수 있습니다.

'뼈다귀 귀신'을 읽고, 글의 주제를 써 봅시다.

읽기유창성

지시문

앞에 있는 종이에 글이 있어요. 이제 선생님이 "시작"이라고 하면(학생용 평가지의 첫 어절을 손가락으로 가리킨 후, 계속 훑으면서) 처음부터 읽기 시작해서 "그만"이라고 할 때까지 최대한 정확하게, 그리고 최대한 빨리 읽으세요. 글을 읽다가 모르는 글자가 나오면 선생님이 어떻게 해야 할지 알려 줄게요. 최선을 다하세요. 질문 있어요? (질문이 있으면 질문에 대답한다.) 준비, 시작. (학생이 첫 어절을 말함과 동시에 타이머를 누르고 1분간 학생의 반응을 기록한 뒤 1분이 지나면 "그만"이라고 말한다.)

옛날 옛적 떠돌이 소금 장수가 살았습니다. 하루는 고개를 넘다 다리가 아파 쉬었답니다. 그런데 마침 옆에 무덤이 하나 있었어요. 무심코 무덤 앞을 보니 뼈다귀가 있더랍니다. 가만히 보니 뼈다귀가 사람 정강이뼈처럼 생겼지요. 소금 장수는 심심해서 뼈다귀를 주워서 놀았어요. 만져보기도 하고, 위로 던졌다가 받기도 했지요. 그렇게 한참을 가지고 놀다가 제자리에 놓았어요. 그리고는 다시 일어나 걸어가는데 기분이 이상했답니다. 뒤를 돌아보니 뼈다귀가 졸졸 자기를 따라오더랍니다. 걸어가면 뼈다귀도 따라오고, 멈추면 뼈다귀도 멈췄지요. 마치 사람이 일부러 따라오듯이 졸졸 쫓아오더랍니다.

며칠을 뼈다귀랑 함께 다니다 마을에 이르렀습니다. 마침 그 마을은 잔치가 벌어져 시끌벅적했답니다.

"뼈다귀야, 내가 잔칫집에서 음식을 얻어 올게. 너는 여기서 짐을 지키고 가만히 있으렴."

그랬더니 신기하게도 뼈다귀가 가만히 있더랍니다. 소금 장수는 잔칫집에서 음식을 얻는 척했지요. 그러다 뒷문으로 살짝 빠져 도망을 쳤답니다.

그렇게 도망을 친 후 10년이 지났습니다. 소금 장수는 뼈다귀가 궁금해 마을로 찾아갔습니다. 그런데 뼈다귀는 없고 초가집이 하나 있었지요. 날이 저물자 소금 장수는 초가집에 들어갔습니다. 하룻밤 재워달라고 부탁했더니 초가집에서 할머니가 나왔습니다. 할머니는 그렇게 하라고 하고는 저녁을 차려주었지요. 소금 장수는 저녁을 먹고 뼈다귀 이야기를 자세하게 들려주었어요.

그랬더니 갑자기 할머니가 무섭게 변하면서 달려들었어요.

"내가 바로 그때 그 뼈다귀다!"

읽기유창성 점수: ____________

▶ 사전평가와 사후평가의 지문은 학지사 홈페이지(http://www.hakjisa.co.kr)에서 내려받을 수 있습니다.

사 ◇ 후 ◇ 평 ◇ 가

읽기이해

다음 질문에 최대한 자세히 답을 써 주세요.
(※ 쓰는 것이 어려운 학생의 경우, 구두로 답하도록 하세요.)

1 | 이야기에 나오는 등장인물은 누구누구인가요? 모두 써 보세요.

2 | 언제, 어디에서 있었던 일인가요?

1) 언제:

2) 어디서:

3 | 소금 장수가 무덤 앞에서 무엇을 보았나요?

4 | 소금 장수와 뼈다귀가 어떻게 함께 마을로 가게 되었나요?

5 | 소금 장수가 잔칫집에서 뒷문으로 도망친 까닭은 무엇일까요?

6 | 뼈다귀 이야기를 들은 할머니는 어떻게 하였나요?

7 | 우리도 가지고 놀고 싶지 않은 물건이 있을 때 어떻게 하여야 할까요? 그것을 어떻게 알 수 있는지 찾아 써 보세요.

1) 어떻게 하여야 할까요?

2) 그것을 어떻게 알 수 있나요?

5. 사또 엉덩이에 불나겠네

학 ◇ 습 ◇ 목 ◇ 표

- 글을 읽을 때, 적당한 부분에서 글을 빠르고 정확하게 끊어 읽을 수 있다.
- 글을 읽고, 글의 중심내용과 글의 주제를 파악할 수 있다.

사 ◇ 전 ◇ 평 ◇ 가

지시문

앞에 있는 종이에 글이 있어요. 이제 선생님이 "시작"이라고 하면(학생용 평가지의 첫 어절을 손가락으로 가리킨 후, 계속 훑으면서) 처음부터 읽기 시작해서 "그만"이라고 할 때까지 최대한 정확하게, 그리고 최대한 빨리 읽으세요. 글을 읽다가 모르는 글자가 나오면 선생님이 어떻게 해야 할지 알려 줄게요. 최선을 다하세요. 질문 있어요? (질문이 있으면 질문에 대답한다.) 준비, 시작. (학생이 첫 어절을 말함과 동시에 타이머를 누르고 1분간 학생의 반응을 기록한 뒤 1분이 지나면 "그만"이라고 말한다.)

옛날에 시골 마을에 똥을 빨리 누는 사람이 살았대. 어느 정도냐면 앉았다 일어서면 그걸로 끝인 거야. 하루는 이 사람이 사또의 말을 몰고 가게 되었어. 그런데 예전부터 미련한 사또를 골탕 먹이려고 생각했었거든.

얼마쯤 가다가 이 사람이 똥이 마려운 거야.

"사또, 죄송하지만 잠깐 똥을 싸고 오겠습니다."

"아니, 이놈아. 말을 몰다가 무슨 똥을 싸?"

"그럼 엉덩이에 똥을 끼우고 갑니까?"

"에이, 칠칠맞지 못한 놈 같으니, 냉큼 갔다 와!"

그런데 눈 깜짝할 새 똥을 싸고 왔어. 그래서 사또가 너무 신기해서 물었어.

"이놈아, 너는 어찌하여 그렇게 똥을 빨리 누니?"

이 사람이 사또의 말을 듣고 꾀가 생겨 이렇게 둘러댔지.

"아, 그건 똥을 빨리 싸는 곳이 따로 있습니다."

"아니, 뭐라고? 거기가 어디에 있는가?"

"이제 조금만 더 가면 또 나옵니다요."

"그럼, 그곳에 이르면 알려 다오."

조금 가다 보니 사또가 슬슬 똥이 마려운 거야.

"얘야, 똥 빨리 누는 데가 아직 멀었느냐?"

"예, 아직 멀었습니다."

사또는 어떻게든 그곳에서 똥을 누려고 나오는 똥을 꾹 참았지.

그런데 한참을 더 가도 아무 말이 없어. 이제는 엉덩이를 건드리기만 해도 똥이 나올 것 같아.

"야, 이놈아! 그곳이 대체 얼마나 남은 게냐?"

"예, 바로 여기가 그곳이옵니다."

사또가 허겁지겁 말에서 내려 엉덩이를 까니 똥이 푸르르 쏟아졌어.

"캬, 정말이로구나. 이곳이 바로 똥을 빨리 누는 곳이구나."

읽기유창성 점수: ____________

▶ 사전평가와 사후평가의 지문은 학지사 홈페이지(http://www.hakjisa.co.kr)에서 내려받을 수 있습니다.

1 단어를 빠르고 정확하게 읽기

다음 단어를 바르게 읽어 봅시다

미련한	골탕
칠칠맞지	냉큼
둘러댔지	어떻게든
허겁지겁	쏟아졌어

▶ 이 페이지의 내용은 복사하거나 학지사 홈페이지(http://www.hakjisa.co.kr)에서 내려받아 사용하세요!

다음 단어들을 빠르고 정확하게 읽어 봅시다

골탕	칠칠맞지	쏟아졌어	어떻게든	냉큼
미련한	허겁지겁	둘러댔지	칠칠맞지	어떻게든
골탕	미련한	허겁지겁	쏟아졌어	둘러댔지
냉큼	미련한	둘러댔지	쏟아졌어	냉큼
칠칠맞지	골탕	어떻게든	허겁지겁	둘러댔지
미련한	냉큼	골탕	쏟아졌어	허겁지겁
칠칠맞지	어떻게든	쏟아졌어	냉큼	칠칠맞지
미련한	둘러댔지	어떻게든	골탕	허겁지겁

▶ 이 페이지의 내용은 복사하거나 학지사 홈페이지(http://www.hakjisa.co.kr)에서 내려받아 사용하세요!

2 어휘의 뜻 알아보기

다음 단어를 알아봅시다

예시문을 읽고, 내가 생각하는 단어의 뜻을 써 봅시다.

올바른 단어의 뜻을 써 봅시다.

정의

미련하다

예시문 그런데 예전부터 미련한 사또를 골탕 먹이려고 생각했었거든.

비슷한 말

-
-
-

문장 만들기

비슷한 말을 넣어서 문장을 완성해 봅시다.

그런데 예전부터 ______________ 사또를 골탕 먹이려고 생각했었거든.

새로운 문장을 만들어 써 봅시다.

도전문제

어떤 사람을 미련한 사람이라고 하나요?

예시문을 읽고, 내가 생각하는 단어의 뜻을 써 봅시다.

올바른 단어의 뜻을 써 봅시다.

정의

골탕

예시문 그런데 예전부터 미련한 사또를 골탕 먹이려고 생각했었거든.

문장 만들기

새로운 문장을 만들어 써 봅시다.

도전문제

누군가를 골탕 먹인 적이 있나요?

예시문을 읽고, 내가 생각하는 단어의 뜻을 써 봅시다.

올바른 단어의 뜻을 써 봅시다.

정의

신기하다

예시문 그래서 사또가 너무 신기해서 물었어.

비슷한 말

-
-
-

문장 만들기

비슷한 말을 넣어서 문장을 완성해 봅시다.

그래서 사또가 너무 ________ 물었어.

새로운 문장을 만들어 써 봅시다.

도전문제

신기한 걸 보면, 주로 어떤 행동을 하나요?

예시문을 읽고, 내가 생각하는 단어의 뜻을 써 봅시다.

____

올바른 단어의 뜻을 써 봅시다.

____

정의

둘러대다

예시문 이 사람이 사또의 말을 듣고 꾀가 생겨 이렇게 둘러댔지.

비슷한 말

- ______
- ______
- ______

문장 만들기

비슷한 말을 넣어서 문장을 완성해 봅시다.

이 사람이 사또의 말을 듣고 꾀가 생겨 이렇게 ______.

새로운 문장을 만들어 써 봅시다.

____

도전문제

어떤 일을 둘러댄 적이 있나요?

____

____

다음 보기의 단어 중, 문장에 알맞은 단어를 써 봅시다.

보기

둘러댄, 미련해, 신기하게, 골탕

1 | 영훈이는 곰처럼 ________ 보이지만 듬직해 보이기도 한다.

2 | 우리는 엉뚱한 질문을 던져 선생님께 ________을 먹이곤 했다.

3 | 수영이는 친구들에게 적당히 ________ 뒤 급히 떠났다.

4 | 이렇게 ________ 생긴 꽃은 처음 본다.

3 어구를 빠르고 정확하게 읽기

다음 어구를 바르게 읽어 봅시다

똥을 빨리 누는 사람이	똥을 끼우고 갑니까
칠칠맞지 못한 놈 같으니	눈 깜짝할 새
그렇게 똥을 빨리 누니	똥을 빨리 싸는 곳이
슬슬 똥이 마려운 거야	나오는 똥을 꾹 참았지
대체 얼마나 남은 게냐	허겁지겁 말에서 내려

▶ 이 페이지의 내용은 복사하거나 학지사 홈페이지(http://www.hakjisa.co.kr)에서 내려받아 사용하세요!

다음 어구/절들을 빠르고 정확하게 읽어 봅시다

똥을 빨리 누는 사람이	엉덩이에 똥을 끼우고 갑니까	칠칠맞지 못한 놈 같으니
눈 깜짝할 새	그렇게 똥을 빨리 누니	똥을 빨리 싸는 곳이
슬슬 똥이 마려운 거야	나오는 똥을 꾹 참았지	대체 얼마나 남은 게냐
허겁지겁 말에서 내려	똥을 빨리 싸는 곳이	똥을 빨리 누는 사람이
칠칠맞지 못한 놈 같으니	엉덩이에 똥을 끼우고 갑니까	허겁지겁 말에서 내려
나오는 똥을 꾹 참았지	눈 깜짝할 새	슬슬 똥이 마려운 거야
똥을 빨리 싸는 곳이	똥을 빨리 누는 사람이	칠칠맞지 못한 놈 같으니
엉덩이에 똥을 끼우고 갑니까	그렇게 똥을 빨리 누니	나오는 똥을 꾹 참았지
대체 얼마나 남은 게냐	슬슬 똥이 마려운 거야	눈 깜짝할 새
그렇게 똥을 빨리 누니	칠칠맞지 못한 놈 같으니	허겁지겁 말에서 내려
눈 깜짝할 새	대체 얼마나 남은 게냐	엉덩이에 똥을 끼우고 갑니까
똥을 빨리 싸는 곳이	허겁지겁 말에서 내려	슬슬 똥이 마려운 거야
칠칠맞지 못한 놈 같으니	나오는 똥을 꾹 참았지	똥을 빨리 누는 사람이
슬슬 똥이 마려운 거야	그렇게 똥을 빨리 누니	대체 얼마나 남은 게냐
허겁지겁 말에서 내려	눈 깜짝할 새	엉덩이에 똥을 끼우고 갑니까
대체 얼마나 남은 게냐	똥을 빨리 누는 사람이	똥을 빨리 싸는 곳이
나오는 똥을 꾹 참았지	눈 깜짝할 새	그렇게 똥을 빨리 누니

4 글을 빠르고 정확하게 읽기

다음 글을 / 표시된 곳에서 끊어 읽어 봅시다. 읽을 때 빠르고 정확하게 읽도록 합시다

옛날에 / 시골 마을에 / 똥을 빨리 누는 사람이 / 살았대. / 어느 정도냐면 / 앉았다 일어서면 / 그걸로 끝인 거야. / 하루는 / 이 사람이 / 사또의 말을 / 몰고 가게 되었어. / 그런데 / 예전부터 / 미련한 사또를 / 골탕 먹이려고 생각했었거든. /

얼마쯤 가다가 / 이 사람이 / 똥이 마려운 거야. /

"사또, / 죄송하지만 / 잠깐 / 똥을 싸고 오겠습니다." /

"아니, / 이놈아. / 말을 몰다가 / 무슨 똥을 싸?" /

"그럼 / 엉덩이에 / 똥을 끼우고 갑니까?" /

"에이, / 칠칠맞지 못한 놈 같으니, / 냉큼 갔다 와!" /

그런데 / 눈 깜짝할 새 / 똥을 싸고 왔어. / 그래서 / 사또가 / 너무 신기해서 물었어. /

"이놈아, / 너는 어찌하여 / 그렇게 똥을 빨리 누니?" /

이 사람이 / 사또의 말을 듣고 / 꾀가 생겨 / 이렇게 둘러댔지. /

"아, / 그건 / 똥을 빨리 싸는 곳이 / 따로 있습니다." /

"아니, / 뭐라고? / 거기가 어디에 있는가?" /

"이제 조금만 더 가면 / 또 나옵니다요." /

"그럼, / 그곳에 이르면 / 알려 다오." /

조금 가다 보니 / 사또가 / 슬슬 똥이 마려운 거야. /

"얘야, / 똥 빨리 누는 데가 / 아직 멀었느냐?" /

"예, / 아직 멀었습니다." /

사또는 / 어떻게든 / 그곳에서 똥을 누려고 / 나오는 똥을 꾹 참았지. /

그런데 / 한참을 더 가도 / 아무 말이 없어. / 이제는 / 엉덩이를 건드리기만 해도 / 똥이 나올 것 같아. /

"야, / 이놈아! / 그곳이 / 대체 얼마나 남은 게냐?" /

"예, / 바로 여기가 / 그곳이옵니다." /

사또가 / 허겁지겁 말에서 내려 / 엉덩이를 까니 / 똥이 푸르르 쏟아졌어. /

"캬, / 정말이로구나. / 이곳이 / 바로 똥을 빨리 누는 곳이구나." /

6 이야기 지도 사용하여 글 읽고 이해하기: 인물, 시장, 사건, 끝을 기억하며 글의 내용 파악하기

'이야기 지도(인물, 시장, 사건, 끝)'를 사용하여 글의 내용을 파악해 봅시다

사또 엉덩이에 불나겠네

옛날에 시골 마을에 똥을 빨리 누는 사람이 살았대. 어느 정도냐면 앉았다 일어서면 그걸로 끝인 거야. 하루는 이 사람이 사또의 말을 몰고 가게 되었어. 그런데 예전부터 미련한 사또를 골탕 먹이려고 생각했었거든.

얼마쯤 가다가 이 사람이 똥이 마려운 거야.

"사또, 죄송하지만 잠깐 똥을 싸고 오겠습니다."

"아니, 이놈아. 말을 몰다가 무슨 똥을 싸?"

"그럼 엉덩이에 똥을 끼우고 갑니까?"

"에이, 칠칠맞지 못한 놈 같으니, 냉큼 갔다 와!"

그런데 눈 깜짝할 새 똥을 싸고 왔어. 그래서 사또가 너무 신기해서 물었어.

"이놈아, 너는 어찌하여 그렇게 똥을 빨리 누니?"

이 사람이 사또의 말을 듣고 꾀가 생겨 이렇게 둘러댔지.

"아, 그건 똥을 빨리 싸는 곳이 따로 있습니다."

"아니, 뭐라고? 거기가 어디에 있는가?"

"이제 조금만 더 가면 또 나옵니다요."

"그럼, 그곳에 이르면 알려 다오."

조금 가다 보니 사또가 슬슬 똥이 마려운 거야.

"얘야, 똥 빨리 누는 데가 아직 멀었느냐?"

"예, 아직 멀었습니다."

사또는 어떻게든 그곳에서 똥을 누려고 나오는 똥을 꾹 참았지.

그런데 한참을 더 가도 아무 말이 없어. 이제는 엉덩이를 건드리기만 해도 똥이 나올 것 같아.

"야, 이놈아! 그곳이 대체 얼마나 남은 게냐?"

"예, 바로 여기가 그곳이옵니다."

사또가 허겁지겁 말에서 내려 엉덩이를 까니 똥이 푸르르 쏟아졌어.

"캬, 정말이로구나. 이곳이 바로 똥을 빨리 누는 곳이구나."

제목: 사또 엉덩이에 불나겠네

1 인물 이야기에 등장하는 인물은 누구인가요?

2 시간과 장소 언제, 어디에서 일어난 이야기인가요?

시간:

장소:

3 사건들 인물에게 어떤 일들이 일어났나요? 일이 어떠한 차례로 일어났나요?

4 끝 이야기가 어떻게 끝났나요?

7 글의 주제 알기

글의 주제를 알아봅시다

글의 주제는 글쓴이가 읽는 이에게 말하고자 하는 생각 또는 의견입니다. 글의 주제는 '~하자. 해야 한다' 또는 '~하지 말자. 하지 말아야 한다'로 만들 수 있습니다.

'사또 엉덩이에 불나겠네'를 읽고, 글의 주제를 써 봅시다.

읽기유창성

지시문

앞에 있는 종이에 글이 있어요. 이제 선생님이 "시작"이라고 하면(학생용 평가지의 첫 어절을 손가락으로 가리킨 후, 계속 훑으면서) 처음부터 읽기 시작해서 "그만"이라고 할 때까지 최대한 정확하게, 그리고 최대한 빨리 읽으세요. 글을 읽다가 모르는 글자가 나오면 선생님이 어떻게 해야 할지 알려 줄게요. 최선을 다하세요. 질문 있어요? (질문이 있으면 질문에 대답한다.) 준비, 시작. (학생이 첫 어절을 말함과 동시에 타이머를 누르고 1분간 학생의 반응을 기록한 뒤 1분이 지나면 "그만"이라고 말한다.)

옛날에 시골 마을에 똥을 빨리 누는 사람이 살았대. 어느 정도냐면 앉았다 일어서면 그걸로 끝인 거야. 하루는 이 사람이 사또의 말을 몰고 가게 되었어. 그런데 예전부터 미련한 사또를 골탕 먹이려고 생각했었거든.

얼마쯤 가다가 이 사람이 똥이 마려운 거야.

"사또, 죄송하지만 잠깐 똥을 싸고 오겠습니다."

"아니, 이놈아. 말을 몰다가 무슨 똥을 싸?"

"그럼 엉덩이에 똥을 끼우고 갑니까?"

"에이, 칠칠맞지 못한 놈 같으니, 냉큼 갔다 와!"

그런데 눈 깜짝할 새 똥을 싸고 왔어. 그래서 사또가 너무 신기해서 물었어.

"이놈아, 너는 어찌하여 그렇게 똥을 빨리 누니?"

이 사람이 사또의 말을 듣고 꾀가 생겨 이렇게 둘러댔지.

"아, 그건 똥을 빨리 싸는 곳이 따로 있습니다."

"아니, 뭐라고? 거기가 어디에 있는가?"

"이제 조금만 더 가면 또 나옵니다요."

"그럼, 그곳에 이르면 알려 다오."

조금 가다 보니 사또가 슬슬 똥이 마려운 거야.

"얘야, 똥 빨리 누는 데가 아직 멀었느냐?"

"예, 아직 멀었습니다."

사또는 어떻게든 그곳에서 똥을 누려고 나오는 똥을 꾹 참았지.

그런데 한참을 더 가도 아무 말이 없어. 이제는 엉덩이를 건드리기만 해도 똥이 나올 것 같아.

"야, 이놈아! 그곳이 대체 얼마나 남은 게냐?"

"예, 바로 여기가 그곳이옵니다."

사또가 허겁지겁 말에서 내려 엉덩이를 까니 똥이 푸르르 쏟아졌어.

"캬, 정말이로구나. 이곳이 바로 똥을 빨리 누는 곳이구나."

읽기유창성 점수: ____________

▶ 사전평가와 사후평가의 지문은 학지사 홈페이지(http://www.hakjisa.co.kr)에서 내려받을 수 있습니다.

읽기이해

다음 질문에 최대한 자세히 답을 써 주세요.

(※ 쓰는 것이 어려운 학생의 경우, 구두로 답하도록 하세요.)

1 이 이야기에 나오는 인물은 누구인가요? 두 인물을 써 보세요.

2 언제, 어디에서 있었던 일인가요?

1) 언제:

2) 어디서:

3 사또가 말을 몰고 가던 사람을 신기하다고 생각한 까닭은 무엇일까요?

4 사또에게 어떤 꾀(거짓말)를 부렸나요?

5 사또가 똥을 참은 까닭은 무엇일까요?

6 사또가 왜 화를 내었을까요? 또는 사또가 화를 낸 이유가 무엇일까요?

7 이야기에 나오는 사또는 어떤 인물일까요? 그것을 어떻게 알 수 있는지 글에서 찾아 써 보세요.

1) 사또는 어떤 인물일까요?

2) 그것을 어떻게 알 수 있나요?

6. 지혜로운 어부와 도깨비 항아리

학 ◇ 습 ◇ 목 ◇ 표

- 글을 읽을 때, 적당한 부분에서 글을 빠르고 정확하게 끊어 읽을 수 있다.
- 글을 읽고, 글의 중심내용과 글의 주제를 파악할 수 있다.

사 ◇ 전 ◇ 평 ◇ 가

지시문

앞에 있는 종이에 글이 있어요. 이제 선생님이 "시작"이라고 하면(학생용 평가지의 첫 어절을 손가락으로 가리킨 후, 계속 훑으면서) 처음부터 읽기 시작해서 "그만"이라고 할 때까지 최대한 정확하게, 그리고 최대한 빨리 읽으세요. 글을 읽다가 모르는 글자가 나오면 선생님이 어떻게 해야 할지 알려 줄게요. 최선을 다하세요. 질문 있어요? (질문이 있으면 질문에 대답한다.) 준비, 시작. (학생이 첫 어절을 말함과 동시에 타이머를 누르고 1분간 학생의 반응을 기록한 뒤 1분이 지나면 "그만"이라고 말한다.)

사람과 도깨비가 함께 살던 옛날의 일이었습니다. 어느 바닷가 마을에 지혜로운 어부가 살았지요. 하루는 어부가 물고기를 잡으러 바다로 나갔습니다.

'용왕님, 제발 물고기를 많이 잡게 해 주세요.'

어부는 그물을 던지며 정성껏 기도를 하였지요. 얼마 후에 어부는 그물을 끌어올렸답니다. 앗, 그런데 그물에는 물고기가 하나도 없었어요. 그 대신 작은 항아리 하나가 있었답니다. 항아리는 금으로 만들어져서 빛이 반짝반짝 났어요.

'용왕님이 물고기 대신 보물 항아리를 주셨나 보다.'

콩닥콩닥 두근거리는 가슴을 누르고 항아리를 열었지요. 그런데 보물이 아니라 커다란 도깨비가 나왔어요. 그러고는 황금 비늘로 뒤덮인 도깨비가 이렇게 말했어요.

"휴, 이제 살았다. 천 년 동안 항아리에 갇혀 있었더니 배가 고프네. 나를 구해 줘서 고맙긴 하지만 널 잡아먹어야겠다."

어부는 너무나 황당해서 할 말을 잊었지요. 하지만 지혜로운 어부는 살아날 꾀를 떠올렸답니다.

"제가 도깨비님의 먹이가 되어 너무나도 기쁩니다. 그런데 꼭 알고 싶은 게 있습니다. 커다란 도깨비님이 어떻게 작은 항아리에 들어갔는지요? 정말 작은 항아리에 들어갈 수 있는지 보여 주세요."

"흥, 그런 건 나에게 일도 아니야. 도깨비들은 이 세상에서 못하는 일이 없어. 어떻게 항아리에 들어가는지 너에게만 한번 보여 주지."

그러더니 도깨비가 정말 항아리 속으로 들어갔어요. 그때 어부는 항아리를 냉큼 닫아 버렸지요. 어부는 도깨비 항아리를 바다에 다시 던져 버렸습니다. 그리하여 죽을 뻔했던 어부는 무사히 돌아왔답니다.

읽기유창성 점수: ____________

▶ 사전평가와 사후평가의 지문은 학지사 홈페이지(http://www.hakjisa.co.kr)에서 내려받을 수 있습니다.

1 단어를 빠르고 정확하게 읽기

다음 단어를 바르게 읽어 봅시다

지혜로운	어부가
끌어올렸답니다	뒤덮인
갇혀	황당해서
잊었지요	냉큼

▶ 이 페이지의 내용은 복사하거나 학지사 홈페이지(http://www.hakjisa.co.kr)에서 내려받아 사용하세요!

다음 단어들을 빠르고 정확하게 읽어 봅시다

어부가	뒤덮인	황당해서	갇혀	잊었지요
끌어올렸답니다	지혜로운	냉큼	뒤덮인	끌어올렸답니다
지혜로운	갇혀	황당해서	어부가	냉큼
잊었지요	지혜로운	갇혀	잊었지요	어부가
뒤덮인	끌어올렸답니다	황당해서	냉큼	갇혀
어부가	황당해서	끌어올렸답니다	잊었지요	냉큼
지혜로운	뒤덮인	황당해서	어부가	갇혀
냉큼	끌어올렸답니다	뒤덮인	지혜로운	잊었지요

2 어휘의 뜻 알아보기

다음 단어를 알아봅시다

예시문을 읽고, 내가 생각하는 단어의 뜻을 써 봅시다.

올바른 단어의 뜻을 써 봅시다.

정의

비슷한 말

-
-
-

지혜롭다

예시문 어느 바닷가 마을에 지혜로운 어부가 살았지요.

문장 만들기

비슷한 말을 넣어서 문장을 완성해 봅시다.

어느 바닷가 마을에 ____________ 어부가 살았지요.

새로운 문장을 만들어 써 봅시다.

도전문제

'너는 참 지혜롭구나!'라는 말을 들어 본 적이 있나요? 언제 들어 보았나요?

예시문을 읽고, 내가 생각하는 단어의 뜻을 써 봅시다.

올바른 단어의 뜻을 써 봅시다.

정의

황당하다

예시문 어부는 너무나 황당해서 할 말을 잊었지요.

반대말

-
-
-

문장 만들기

새로운 문장을 만들어 써 봅시다.

도전문제

황당한 소문을 들어 본 적이 있나요? 어떤 소문이 가장 황당했었나요?

예시문을 읽고, 내가 생각하는 단어의 뜻을 써 봅시다.

올바른 단어의 뜻을 써 봅시다.

정의

간히다

예시문 천 년 동안 항아리에 갇혀 있었더니 배가 고프네.

비슷한 말

-
-
-

문장 만들기

비슷한 말을 넣어서 문장을 완성해 봅시다.

천 년 동안 항아리에 ______ 있었더니 배가 고프네.

새로운 문장을 만들어 써 봅시다.

도전문제

어딘가에 갇혀 본 적이 있나요? 그때 어떤 느낌이 들었나요?

예시문을 읽고, 내가 생각하는 단어의 뜻을 써 봅시다.

올바른 단어의 뜻을 써 봅시다.

정의

뒤덮이다

예시문 그러고는 황금 비늘로 뒤덮인 도깨비가 이렇게 말했어요.

문장 만들기

새로운 문장을 만들어 써 봅시다.

도전문제

____ 안에 들어갈 말을 써 보고, 왜 그 말을 선택했는지 써 봅시다.

______(으)로 뒤덮인 세상을 상상해 봅시다.

이유:

다음 보기의 단어 중, 문장에 알맞은 단어를 써 봅시다.

보기

지혜롭다, 황당한, 갇히고, 뒤덮였다

1 | 현성이는 용기도 있고 ______________.

2 | 산기슭이 온통 단풍으로 ______________.

3 | 내가 친구의 지우개를 훔쳤다는 ______________ 소문을 들었다.

4 | 비가 많이 내리는 바람에 우리 가족은 섬에 ______________ 말았다.

3 어구를 빠르고 정확하게 읽기

다음 어구를 바르게 읽어 봅시다

보물 항아리를 주셨나 보다	콩닥콩닥 두근거리는 가슴을 누르고
황금 비늘로 뒤덮인 도깨비가	살아날 꾀를 떠올렸답니다
꼭 알고 싶은 게	들어갈 수 있는지
죽을 뻔했던 어부는	

▶ 이 페이지의 내용은 복사하거나 학지사 홈페이지(http://www.hakjisa.co.kr)에서 내려받아 사용하세요!

다음 어구/절들을 빠르고 정확하게 읽어 봅시다

죽을 뻔했던 어부는	황금 비늘로 뒤덮인 도깨비가	들어갈 수 있는지
보물 항아리를 주셨나 보다	꼭 알고 싶은 게	콩닥콩닥 두근거리는 가슴을 누르고
살아날 꾀를 떠올렸답니다	보물 항아리를 주셨나 보다	황금 비늘로 뒤덮인 도깨비가
꼭 알고 싶은 게	들어갈 수 있는지	살아날 꾀를 떠올렸답니다
죽을 뻔했던 어부는	콩닥콩닥 두근거리는 가슴을 누르고	들어갈 수 있는지
꼭 알고 싶은 게	보물 항아리를 주셨나 보다	살아날 꾀를 떠올렸답니다
콩닥콩닥 두근거리는 가슴을 누르고	죽을 뻔했던 어부는	황금 비늘로 뒤덮인 도깨비가
살아날 꾀를 떠올렸답니다	콩닥콩닥 두근거리는 가슴을 누르고	죽을 뻔했던 어부는
황금 비늘로 뒤덮인 도깨비가	들어갈 수 있는지	보물 항아리를 주셨나 보다
꼭 알고 싶은 게	보물 항아리를 주셨나 보다	황금 비늘로 뒤덮인 도깨비가
들어갈 수 있는지	죽을 뻔했던 어부는	꼭 알고 싶은 게
살아날 꾀를 떠올렸답니다	콩닥콩닥 두근거리는 가슴을 누르고	황금 비늘로 뒤덮인 도깨비가

4 글을 빠르고 정확하게 읽기

다음 글을 / 표시된 곳에서 끊어 읽어 봅시다. 읽을 때 빠르고 정확하게 읽도록 합시다

사람과 도깨비가 함께 살던 / 옛날의 일이었습니다. / 어느 바닷가 마을에 / 지혜로운 어부가 / 살았지요. / 하루는 / 어부가 / 물고기를 잡으러 / 바다로 나갔습니다. /

'용왕님, / 제발 / 물고기를 많이 잡게 / 해 주세요.' /

어부는 / 그물을 던지며 / 정성껏 기도를 하였지요. / 얼마 후에 / 어부는 / 그물을 끌어 올렸답니다. / 앗, / 그런데 / 그물에는 / 물고기가 / 하나도 없었어요. / 그 대신 / 작은 항아리 하나가 / 있었답니다. / 항아리는 / 금으로 만들어져서 / 빛이 반짝반짝 났어요. /

'용왕님이 / 물고기 대신 / 보물 항아리를 주셨나 보다.' /

콩닥콩닥 두근거리는 가슴을 누르고 / 항아리를 열었지요. / 그런데 / 보물이 아니라 / 커다란 도깨비가 / 나왔어요. / 그러고는 / 황금 비늘로 뒤덮인 도깨비가 / 이렇게 말했어요. /

"휴, / 이제 살았다. / 천 년 동안 / 항아리에 갇혀 있었더니 / 배가 고프네. / 나를 구해 줘서 / 고맙긴 하지만 / 널 잡아먹어야겠다." /

어부는 / 너무나 황당해서 / 할 말을 잊었지요. / 하지만 / 지혜로운 어부는 / 살아날 꾀를 떠올렸답니다. /

"제가 / 도깨비님의 먹이가 되어 / 너무나도 기쁩니다. / 그런데 / 꼭 알고 싶은 게 / 있습니다. / 커다란 도깨비님이 / 어떻게 / 작은 항아리에 들어갔는지요? / 정말 / 작은 항아리에 / 들어갈 수 있는지 / 보여 주세요." /

"흥, / 그런 건 / 나에게 일도 아니야. / 도깨비들은 / 이 세상에서 / 못하는 일이 없어. / 어떻게 항아리에 들어가는지 / 너에게만 / 한번 보여 주지." /

그러더니 / 도깨비가 / 정말 / 항아리 속으로 들어갔어요. / 그때 / 어부는 / 항아리를 냉큼 닫아 버렸지요. / 어부는 / 도깨비 항아리를 / 바다에 / 다시 던져 버렸습니다. / 그리하여 / 죽을 뻔했던 어부는 / 무사히 돌아왔답니다. /

6 이야기 지도 사용하여 글 읽고 이해하기: 인물, 시장, 사건, 끝을 기억하며 글의 내용 파악하기

'이야기 지도(인물, 시장, 사건, 끝)'를 사용하여 글의 내용을 파악해 봅시다

지혜로운 어부와 도깨비 항아리

사람과 도깨비가 함께 살던 옛날의 일이었습니다. 어느 바닷가 마을에 지혜로운 어부가 살았지요. 하루는 어부가 물고기를 잡으러 바다로 나갔습니다.

'용왕님, 제발 물고기를 많이 잡게 해 주세요.'

어부는 그물을 던지며 정성껏 기도를 하였지요. 얼마 후에 어부는 그물을 끌어올렸답니다. 앗, 그런데 그물에는 물고기가 하나도 없었어요. 그 대신 작은 항아리 하나가 있었답니다. 항아리는 금으로 만들어져서 빛이 반짝반짝 났어요.

'용왕님이 물고기 대신 보물 항아리를 주셨나 보다.'

콩닥콩닥 두근거리는 가슴을 누르고 항아리를 열었지요. 그런데 보물이 아니라 커다란 도깨비가 나왔어요. 그러고는 황금 비늘로 뒤덮인 도깨비가 이렇게 말했어요.

"휴, 이제 살았다. 천 년 동안 항아리에 갇혀 있었더니 배가 고프네. 나를 구해 줘서 고맙긴 하지만 널 잡아먹어야겠다."

어부는 너무나 황당해서 할 말을 잊었지요. 하지만 지혜로운 어부는 살아날 꾀를 떠올렸답니다.

"제가 도깨비님의 먹이가 되어 너무나도 기쁩니다. 그런데 꼭 알고 싶은 게 있습니다. 커다란 도깨비님이 어떻게 작은 항아리에 들어갔는지요? 정말 작은 항아리에 들어갈 수 있는지 보여 주세요."

"흥, 그런 건 나에게 일도 아니야. 도깨비들은 이 세상에서 못하는 일이 없어. 어떻게 항아리에 들어가는지 너에게만 한번 보여 주지."

그러더니 도깨비가 정말 항아리 속으로 들어갔어요. 그때 어부는 항아리를 냉큼 닫아 버렸지요. 어부는 도깨비 항아리를 바다에 다시 던져 버렸습니다. 그리하여 죽을 뻔했던 어부는 무사히 돌아왔답니다.

제목: 지혜로운 어부와 도깨비 항아리

1 **인물** 이야기에 등장하는 인물은 누구인가요?

2 **시간과 장소** 언제, 어디에서 일어난 이야기인가요?

시간:

장소:

3 **사건들** 인물에게 어떤 일들이 일어났나요? 일이 어떠한 차례로 일어났나요?

4 **끝** 이야기가 어떻게 끝났나요?

7 글의 주제 알기

글의 주제를 알아봅시다

글의 주제는 글쓴이가 읽는 이에게 말하고자 하는 생각 또는 의견입니다. 글의 주제는 '~하자. 해야 한다' 또는 '~하지 말자. 하지 말아야 한다'로 만들 수 있습니다.

'지혜로운 어부와 도깨비 항아리'를 읽고, 글의 주제를 써 봅시다.

읽기유창성

지시문

앞에 있는 종이에 글이 있어요. 이제 선생님이 "시작"이라고 하면(학생용 평가지의 첫 어절을 손가락으로 가리킨 후, 계속 훑으면서) 처음부터 읽기 시작해서 "그만"이라고 할 때까지 최대한 정확하게, 그리고 최대한 빨리 읽으세요. 글을 읽다가 모르는 글자가 나오면 선생님이 어떻게 해야 할지 알려 줄게요. 최선을 다하세요. 질문 있어요? (질문이 있으면 질문에 대답한다.) 준비, 시작. (학생이 첫 어절을 말함과 동시에 타이머를 누르고 1분간 학생의 반응을 기록한 뒤 1분이 지나면 "그만"이라고 말한다.)

사람과 도깨비가 함께 살던 옛날의 일이었습니다. 어느 바닷가 마을에 지혜로운 어부가 살았지요. 하루는 어부가 물고기를 잡으러 바다로 나갔습니다.

'용왕님, 제발 물고기를 많이 잡게 해 주세요.'

어부는 그물을 던지며 정성껏 기도를 하였지요. 얼마 후에 어부는 그물을 끌어올렸답니다. 앗, 그런데 그물에는 물고기가 하나도 없었어요. 그 대신 작은 항아리 하나가 있었답니다. 항아리는 금으로 만들어져서 빛이 반짝반짝 났어요.

'용왕님이 물고기 대신 보물 항아리를 주셨나 보다.'

콩닥콩닥 두근거리는 가슴을 누르고 항아리를 열었지요. 그런데 보물이 아니라 커다란 도깨비가 나왔어요. 그러고는 황금 비늘로 뒤덮인 도깨비가 이렇게 말했어요.

"휴, 이제 살았다. 천 년 동안 항아리에 갇혀 있었더니 배가 고프네. 나를 구해 줘서 고맙긴 하지만 널 잡아먹어야겠다."

어부는 너무나 황당해서 할 말을 잊었지요. 하지만 지혜로운 어부는 살아날 꾀를 떠올렸답니다.

"제가 도깨비님의 먹이가 되어 너무나도 기쁩니다. 그런데 꼭 알고 싶은 게 있습니다. 커다란 도깨비님이 어떻게 작은 항아리에 들어갔는지요? 정말 작은 항아리에 들어갈 수 있는지 보여 주세요."

"흥, 그런 건 나에게 일도 아니야. 도깨비들은 이 세상에서 못하는 일이 없어. 어떻게 항아리에 들어가는지 너에게만 한번 보여 주지."

그러더니 도깨비가 정말 항아리 속으로 들어갔어요. 그때 어부는 항아리를 냉큼 닫아 버렸지요. 어부는 도깨비 항아리를 바다에 다시 던져 버렸습니다. 그리하여 죽을 뻔했던 어부는 무사히 돌아왔답니다.

읽기유창성 점수: ____________

▶ 사전평가와 사후평가의 지문은 학지사 홈페이지(http://www.hakjisa.co.kr)에서 내려받을 수 있습니다.

사 ◇ 후 ◇ 평 ◇ 가

읽기이해

다음 질문에 최대한 자세히 답을 써 주세요.

(※ 쓰는 것이 어려운 학생의 경우, 구두로 답하도록 하세요.)

1 이야기에 나오는 중심인물은 누구인가요? 두 인물을 써 보세요.

2 언제, 어디에서 있었던 일인가요?

1) 언제:

2) 어디서:

3 어부가 그물을 끌어올리자 어떤 일이 일어났나요?

4 어부의 가슴이 왜 콩닥콩닥 뛰었을까요?

5 어부가 황당해서 할 말을 잊은 까닭은 무엇일까요?

6 지혜로운 어부는 살아나기 위하여 어떤 꾀를 부렸나요?

7 이야기에 나오는 도깨비는 어떤 인물일까요? 그것을 어떻게 알 수 있는지 글에서 찾아 써 보세요.

1) 어떤 인물일까요?

2) 그것을 어떻게 알 수 있나요?

저자 소개

김애화(Kim, Aehwa)
aehwa@dankook.ac.kr
현재 단국대학교 특수교육과 교수로 재직 중이다. 단국대학교 특수교육과를 졸업하고, 미국 텍사스 주립대학교(University of Texas at Austin)에서 학습장애 전공으로 석사 및 박사 학위를 받았다. 텍사스 읽기 및 쓰기 연구소(Texas Center for Reading and Language Arts Center)에서 전임연구원(Research Associate)으로 일하였으며, SSCI 저널인 *Journal of Learning Disabilities*의 assistant editor를 역임하였고, 현재 *Journal of Learning Disabilities*의 consulting editor로 활동 중이다.

김의정(Kim, Uijung)
uijungkim@kornu.ac.kr
현재 나사렛대학교 특수교육과 교수로 재직 중이다. 부산대학교 중어중문과를 졸업하고, 미국 텍사스 주립대학교(University of Texas at Austin)에서 특수 일반 및 자폐성 장애 전공으로 석사 및 박사 학위를 받았다. 텍사스 읽기 및 쓰기 연구소(Texas Center for Reading and Language Arts Center)에서 전임연구원(Research Associate)으로 일하였으며, 캘리포니아 주립대학교(California State University, Los Angeles) 특수교육과 조교수로 재직하였다.

학령기 아동을 위한
읽기유창성 및 읽기이해 프로그램
학생용 (II 수준)

Reading Fluency and Reading Comprehension Program
for School-Age Children

2021년 3월 30일 1판 1쇄 발행
2025년 1월 20일 1판 4쇄 발행

지은이 • 김애화 · 김의정
펴낸이 • 김진환
펴낸곳 • (주) 학지사
04031 서울특별시 마포구 양화로 15길 20 마인드윌드빌딩
대표전화 • 02)330-5114 팩스 • 02)324-2345
등록번호 • 제313-2006-000265호

홈페이지 • http://www.hakjisa.co.kr
인스타그램 • https://www.instagram.com/hakjisabook

ISBN 978-89-997-2379-7 94370
978-89-997-2376-6 (set)

정가 12,000원

저자와의 협약으로 인지는 생략합니다.
파본은 구입처에서 교환해 드립니다.